Bin ich gleichberechtigt?
Historischer Streifzug zu einem aktuellen Problem

Romina Schmitter

Bin ich gleichberechtigt?

Historischer Streifzug zu einem aktuellen Problem

Edition Falkenberg

Bildnachweis:
17 Rotraud Schmitter; 18 aus: Wex, Marianne: »Männliche« und »weibliche« Körpersprache als Folge patriarchalischer Machtverhältnisse, Hamburg, 1979, S. 34, Verlag Marianne Wex, Hamburg; 20 aus: Wex, Marianne: »Männliche« und »weibliche« Körpersprache als Folge patriarchalischer Machtverhältnisse, Hamburg, 1979, S.65, Hamburger Abendblatt 30.12.75; 23 gemeinfrei; 27 gemeinfrei; 35 Foto: Haylie Niemann CC BY-SA 4.0-3.0-2.5-2.0-1.0; 36 Koch Media; 39 Aus: Geschlechtsvormundschaft und Ehevogtei in der Karikatur (gekürzt), Marie Marcks informiert – Weißt du, daß du schön bist? Augsburg 1974, S.8f, Werner Raith Verlag, Starnberg, und Marie Marcks, Heidelberg; 47 gemeinfrei; 50 gemeinfrei; 51 gemeinfrei; 52 gemeinfrei; 59 Bildarchiv des Staatsarchivs Bremen; 63 CC BY-SA 3.0; 65 Staatsarchiv Bremen; 69 gemeinfrei; 73 gemeinfrei; 80 gemeinfrei; 82 gemeinfrei; 87 gemeinfrei; 88 gemeinfrei; 92 aus: Else Lüders (Hrsg.): Minna Cauer – Leben und Werk, Gotha 1925, Archiv der deutschen Frauenbewegung, Kassel; 93 gemeinfrei; 94 Staatsarchiv Bremen; 96 gemeinfrei; 99 gemeinfrei; 102 gemeinfrei; 108 gemeinfrei; 110 gemeinfrei; 112 aus: Werner Raith Verlag, Starnberg, und Marie Marcks, Heidelberg; 115 oben: Archiv der deutschen Frauenbewegung Kassel, NL-P-11, A-F1/00295, unten: Archiv der deutschen Frauenbewegung Kassel, NL-P-11, A-F1/00385; 117 Haus der Geschichte der Bundesrepublik Deutschland, Bonn; 123 Romina Schmitter; 124 aus: Anzeige in der Frankfurter Rundschau 2./3.10.1992; 125 © CC BY-SA 3.0; 135 Archiv der Friedrich Ebert-Stiftung; 137 aus: Süddeutsche Zeitung, 23.6.2017; 139 fotolia; 140 Klaus Steves/pixelio; 141 Karl-Heinz Laube/pixelio; 147 gemeinfrei; 155 CC BY-SA 2.0; 157 oben: gemeinfrei, unten: CC BY-SA 2.0.

Titelabbildung: fotolia

1. Auflage 2018

ISBN 978-3-95494-150-6
www.edition-falkenberg.de

Inhalt

Grußwort

Passend zum 100. Jahrestag des Frauenwahlrechts in Deutschland erscheint dieses Buch und erzählt eine Geschichte von Ermächtigung: Wie Frauen um das Recht kämpfen, ihr Leben selbst zu bestimmen. Wie schwer dieser Kampf war und ist, wieviel Schritte zurück den schon sicher geglaubten Fortschritten folgten und wie es dann mit neuer Kraft weiterging. Das Wahlrecht von Frauen stellt in dieser Erzählung einen wichtigen Meilenstein dar. Dieses Recht ist heute mehr als eine Selbstverständlichkeit, dabei ist es gerade mal ein – zugegeben langes – Menschenleben alt. Es ist nicht zerbrechlich, aber trotzdem zu schützen. Denn gerade jetzt heißt es: Gesicht zeigen. Die volle Gleichstellung ist noch lange nicht erreicht, und zunehmend sind Gleichberechtigung und die Errungenschaften der Frauenbewegung in Gefahr. Konservative und rechtsnationale Bewegungen, die in vielen Teilen Europas derzeit erfolgreich sind, maßen sich an, über das Selbstbestimmungsrecht von Frauen zu entscheiden und zu definieren, was Frauen dürfen sollen und was nicht. Die Rede ist von »Genderwahn« und der ach so naturgegebenen Mutterrolle von Frauen: Das erinnert an längst vergangen geglaubte Zeiten anstatt an ein zeitgemäßes Miteinander der Geschlechter.

Geschichte wiederholt sich nicht – aber Machtmuster sind zäh, erst recht, wenn Männer sie mit allen Mitteln verteidigen. Die Ideale der Aufklärung halten wir auch heute noch hoch. Auch Frauen waren damals dabei, aber sie konnten sich mit ihrem Anliegen nach Selbst- und Mitbestimmung nicht durchsetzen. Stattdessen wurden sie marginalisiert oder sogar als krankhaft stigmatisiert. Zur Aufklärung gehörte denn auch der Glaube an eine objektive Wissenschaft, die meinte belegen zu können, dass Frauen biologisch den Männern untergeordnet seien. Ein fataler Fehler oder vielmehr: ein genialer Schachzug, Frauen von Macht fernzuhalten. Welche Errungenschaft stellt vor diesem Hintergrund das aktive und passive Wahlrecht für Frauen dar!

Hundert Jahre später aber, so sollte man meinen, sind so viele Frauen in Parlamenten vertreten wie ihr Anteil an der Bevölkerung. Von wegen! In Kreistagen und Stadträten sind nur ein Viertel der ehrenamtlichen Mandate von Frauen besetzt. Es gibt nur 15 Prozent Oberbürgermeisterinnen, sechs Prozent Landrätinnen und nur vier Prozent hauptamtliche Bürgermeisterinnen. Auch im Bremer Parlament ist der Frauenanteil gesunken, er liegt bei einem Drittel – während 51 Prozent aller Bremer tatsächlich Bremerinnen sind. Die Fachleute mögen streiten, ob das am Bremer Wahlrecht liegt oder daran, dass manche Parteien zu wenige Frauen aufstellen. Fakt ist, dass Frauen nicht nur im Bremer, sondern in allen Landesparlamenten und erst recht im Bundestag unterrepräsentiert sind. Sie erleben, was für sie auch in anderen Bereichen gilt: Rechte sind das eine, ihre Verwirklichung etwas anderes.

Romina Schmitter zeigt geradlinig, kenntnisreich und dabei sehr unterhaltsam, wie Frauen seit Jahrhunderten um die Hälfte des Kuchens und die Hälfte des Himmels kämpfen. Wir können aus diesem Buch viel lernen: Wie die Mechanismen funktionieren, Frauen auszuschließen. Wie wichtig Beharrlichkeit ist. Und wie es Frauen gelingt, nicht aufzugeben, wie sie sich ihre Rechte erstreiten und sie verteidigen. Dieses Buch bildet, es macht Spaß und es macht Mut, und all das tut es genau zur richtigen Zeit – vielen Dank dafür!

Bettina Wilhelm
Bremer Landesfrauenbeauftragte

WAS SEIN MUSS, MUSS NICHT SEIN.

Eva Strittmatter
(1930–2011)

Einige Worte vorweg …

Vanessa will heiraten und freut sich schon seit Langem auf ihre Hochzeit, denn sie ist sehr verliebt … Natürlich wird sie den Namen ihres Zukünftigen annehmen. Außerdem wünschen es seine Eltern so – wegen der Erhaltung des Familiennamens – und Vanessas Eltern finden es selbstverständlich; sie haben es ja auch so gemacht.

Wie Vanessa entscheiden sich 80 Prozent der heiratswilligen Frauen.[1] Die anderen stellen ihren Namen dem des Ehemannes voran oder nach, oder beide behalten ihren Geburtsnamen; es kommt auch vor, dass der Mann seinen Namen aufgibt und den der Frau übernimmt. Manche entscheiden sich für diese Lösung, weil sie einen unangenehmen Namen loswerden wollen. Die Aussicht, als Herr und Frau »Puvogel« oder »Eierstock« durchs Leben gehen zu müssen – diese Benennungen gibt es tatsächlich – ist nicht gerade erfreulich.

Im Allgemeinen werden Paare beim Standesamt über diese Wahlmöglichkeiten informiert. Wahrscheinlicher ist, dass sich die Ehekandidaten schon selber damit befasst haben. Vielleicht wussten sie sogar, dass sie seit den Reformen des Namensrechts 1976 und 1993[2] entscheiden können, wie sie in Zukunft heißen wollen und dass der eigene Name ein gesetzlich geschütztes Persönlichkeitsrecht ist.[3] Aber wie das Recht der Ehefrau auf Erwerbstätigkeit, auf die Erziehung ihrer

Kinder usw. ist auch das auf die Namenswahl nicht vom Himmel gefallen, sondern der Hartnäckigkeit der vier Grundgesetzmütter, vor allem der sozialdemokratischen Juristin Dr. Elisabeth Selbert (1896–1986), zu verdanken, die den Artikel 3(2) des Grundgesetzes – »Männer und Frauen sind gleichberechtigt« – in den Verhandlungen des Parlamentarischen Rates (1948/49) durchgesetzt haben. Dabei war der Widerstand der 61 Väter des Grundgesetzes – von denen der KPD abgesehen – zunächst massiv, denn die Grundrechte sollten für »Gesetzgebung, vollziehende Gewalt und Rechtsprechung« verbindlich sein (Art. 1 (3)) und damit würde das patriarchalische Familienrecht des Bürgerlichen Gesetzbuches von 1900, wie ein FDP-Abgeordneter konstatierte, »verfassungswidrig«.[4] Ein Fraktionskollege Elisabeth Selberts befürchtete sogar ein »Rechtschaos«: »Um Gottes Willen, wenn das nun als verbindliche Kraft in das Grundgesetz hineinkommt ... Wie denkst du dir das?«.[5]

Angesichts dieser und zahlreicher weiterer Äußerungen mangelnden Rechtsbewusstseins war verständlich, dass Elisabeth Selbert nach schließlich einstimmiger Annahme des Artikels 3(2) nicht wusste, »ob ich ... das Gefühl beschreiben kann, das ich in diesem Augenblick ... hatte: Es war die Sternstunde meines Lebens!«[6]

Aber warum soll man bzw. frau dies alles wissen? Schließlich haben die meisten Menschen Probleme genug und können auch ohne Kenntnisse der historischen Hintergründe vorhandene Rechte wahrnehmen. Allerdings wären diese Rechte ohne Vorkämpferinnen wie Elisabeth Selbert sowie ihre Unterstützung durch Tausende Frauen außerhalb des Parlamentarischen Rates, der ersten »Außerparlamentarischen Opposition«[7] nach dem Zweiten Weltkrieg, nie zustandegekommen.

Außerdem zeigt die Geschichte, dass errungene Rechte immer wieder gefährdet sind, z.B. im Nationalsozialismus, der den seit 1908 bzw. 1919 geltenden Zugang zum Frauenstudium weitgehend einschränkte; oder sie sind reformbedürftig, wie die mit Beratungspflicht verbundene Regelung zum Schwangerschaftsabbruch, die hinter die Forderung einer »Fristenlösung«, vor allem die nach ersatzloser Streichung des §218, deutlich zurückfällt; darüber hinaus gibt es Rechtswidrigkeiten – wie die Unterbezahlung weiblicher Erwerbstätigkeit – deren Aufhebung schon vor mehr als hundert Jahren auf der Agenda sozialistischer und frauenpolitischer Organisationen stand.[8] Für die weibliche Weltbevölkerung, deren meist katastrophalen Lebensbedingungen[9] in einer Zeit der Globalisierung und Digitalisierung Gegenstand nicht nur der seit 1980 stattfindenden UN-Weltfrauenkonferenzen, sondern auch zahlreicher Nichtregierungsorganisationen sind (NGOs), kommen elementare Forderungen hinzu. Wer zur Behebung der genannten Gefahren und Defizite beitragen will, sollte die PolitikerInnen, die Organisationen und ihre Errungenschaften kennen und in eigene Vorhaben einbeziehen, denn die Kenntnis historischer Kontinuität ist eine wesentliche Voraussetzung für politischen Erfolg. Dass es sogar spannend sein kann, sich mit Frauenrechten zu befassen, hat der Film »Suffragette« der Regisseurin Sarah Gavron über die Wahlrechtskämpfe der

Engländerinnen anfangs des 20. Jahrhunderts gezeigt, der 2016 auch in deutsche Kinos kam.

Vielleicht ist nicht nur jungen und älteren Frauen, sondern auch Männern der erfrischende Zorn der Schülerin zu wünschen, die zu einem Bericht über die seit 1544 jährlich stattfindende »Schaffermahlzeit«, »das traditionelle Bruderschaftsessen« in der Hansestadt Bremen, schrieb:

»Wie kann es sein, dass die Hälfte der Gesellschaft aufgrund eines einzigen Merkmals – nämlich ihres Geschlechts – von einer Veranstaltung ausgeschlossen wird, in der geschäftliche Bekanntschaften gemacht und wichtige Verbindungen geschaffen werden? Ich als Schülerin, die kurz vor dem Abitur steht, muss mich fragen, weshalb mein Geschlecht, ungeachtet meiner Kompetenzen oder Leistungen zum einzigen Ausschlusskriterium wird ... Mich macht es wütend!«[10]

Anmerkungen

1 Pusch, Luise: Die Sprache der Eroberinnen und andere Glossen, Göttingen 2016, S. 50.

2 Schwab, Dieter: Familienrecht, München 2016, 24. neu bearbeitete Auflage, S. 85.

3 a.a.O., S. 63.

4 zit. Reich-Hilweg, Ines: Männer und Frauen sind gleichberechtigt, Frankfurt am Main 1979, S. 19.

5 Feuersenger, Marianne: Die garantierte Gleichberechtigung – ein umstrittener Sieg der Frauen, Freiburg im Breisgau 1980, S. 51.

6 a.a.O., S. 53.

7 Markovits, Andrei S./Gorski, Phillip S.: Grün schlägt Rot – Die Deutsche Linke nach 1945, Hamburg 1977, S. 80ff; Reich-Hilweg, a.a.O. S. 22, 23.

8 Reich-Hilweg, a.a.O., S. 33; 1889 Paris II. Internationale, vgl. Klucsarits, Richard/Kürbisch, Friedrich G. (Hrsg.): Arbeiterinnen kämpfen um ihr Recht, Wuppertal o.J., S. 349. 1890 Halle Gründungsparteitag der »Sozialdemokratischen Partei Deutschlands«, vgl. a.a.O., S. 351.

9 Welser, Maria: Wo Frauen nichts wert sind – Vom weltweiten Terror gegen Mädchen und Frauen, München 2016.

10 Leserbrief zum Artikel »Imagepflege bei Kohl und Pinkel«, (WK/BN 22.1.2017); (WK/BN 30.1.2017).

»Dienen lerne beizeiten das Weib ...« – Erziehung zur Weiblichkeit

» ... schaut man denn einem Herrn so in die Augen?«[1], wird die österreichische Comtesse Martha vorwurfsvoll gefragt, nachdem sie ihren Tanz mit einem hinreißenden Husaren beendet hat.

»Sie schlägt die Augen nieder, wie es sich für eine verheiratete Frau gehört, und zieht den Kopf tiefer in ihr Tuch«[2] – so die russische Autorin Gusel Jachina in ihrem 2017 erschienenen Roman über eine tartarische Bäuerin.

Der französische Soziologe Pierre Bourdieu (1930–2002) hat das weibliche Niederschlagen des Blicks vor einem männlichen Gegenüber am Beispiel mediterraner Gesellschaften analysiert, weil diese geschlechtsspezifische Traditionen am deutlichsten zum Ausdruck brächten: So sei bei den nordafrikanischen Berbern das »ins Gesicht, in die Augen sehen ... das Wort ergreifen usw ... . das Monopol der Männer ... die Frau, die sich von öffentlichen Orten fernhält, (muss) gewissermaßen darauf verzichten, von ihrem Blick und ihrer Sprache ... Gebrauch zu machen. (In der Öffentlichkeit bewegt sie sich nur mit gesenktem Blick und das einzige Wort, das sich für sie schickt, ist ›Ich weiß nicht‹, die Antithese zur Sprache des Mannes, der entschiedenen, bündigen und zugleich überlegten und gemessenen Rede)«.[3]

»Einfach zauberhaft«
– Plakatwerbung des Musical Theaters Bremen 2017

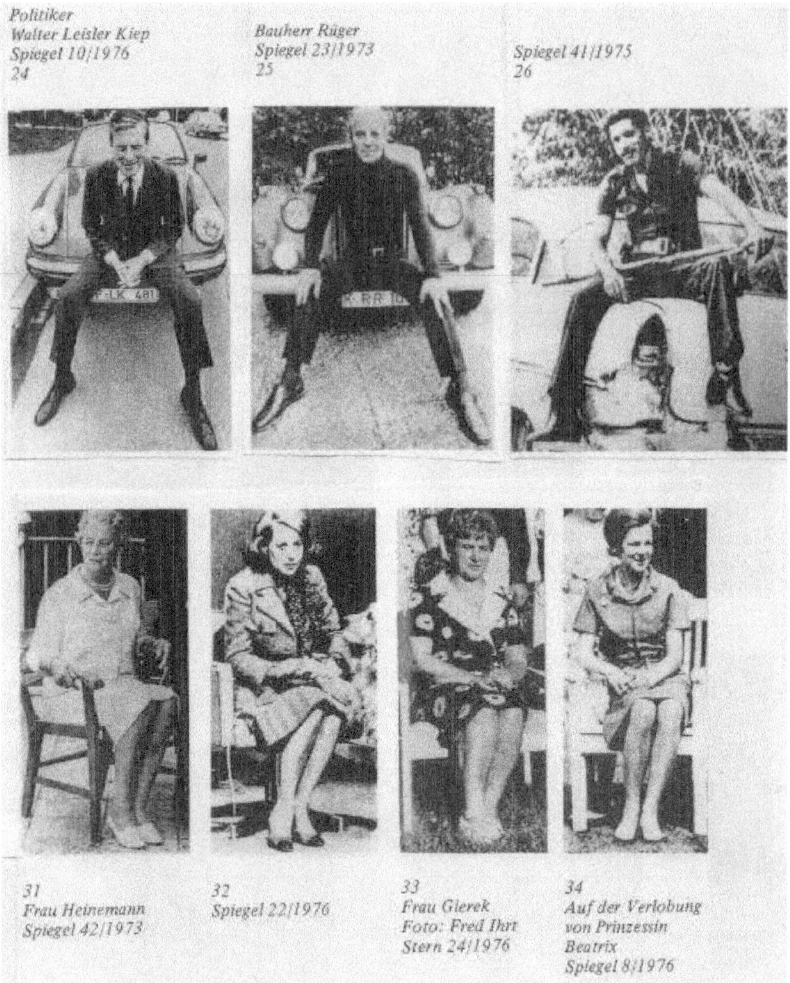

Männliche und weibliche Körpersprache – medial und real

Körpersprache

Die Fotografin Marianne Wex und die Linguistin Senta Trömel-Plötz haben weibliches Körper- und Sprachverhalten für das ausgehende 20. Jahrhundert thematisiert.

In ihrem 1979 erschienenen Fotoband »›Weibliche‹ und ›männliche‹ Körpersprache als Folge patriarchalischer Machtverhältnisse« stellt Marianne Wex mit einer Fülle von Beispielen aus der realen und Medienwelt die typischen Merkmale der Körperhaltungen von Frauen und Männern dar: Die Frauen haben »eng aneinandergehaltene Beine, gerade oder nach innen gestellte Füße sowie eng am Körper gehaltene Arme, d.h. die Frau macht sich vor allem schmal, nimmt wenig Raum in Anspruch«, während die Männer durch »breite Beinhaltung« auffallen, »nach außen gestellte Füße« und »die Arme in Abstand zum Körper« halten, d.h. der Mann macht sich breit und nimmt allgemein für sich wesentlich mehr Raum in Anspruch als die Frau«.[4]

Dass die Frau von geringerem Wert als der Mann ist, wird auf »exemplarische Weise« am amerikanischen Komikerpaar »Dick und Doof« zum Ausdruck gebracht: »Doof signalisiert seine ›Doofheit‹ durch eine ›weibliche‹ Haltung. Die Arme eng am Körper, die Hände auf dem Schoß zusammengelegt, die Knie aneinandergepreßt und die Fußspitzen nach innen gekehrt, während Dick seine Überlegenheit, seinen Hohn und Spott durch eine breite ›männliche‹ Haltung unterstreicht«.[5]

»Dick« und »Doof« –
US-amerikanisches Komikerpaar

Die Linguistin Senta Trömel-Plötz stellt vergleichbare Strukturen im Sprach- und Kommunikationsverhalten der beiden Geschlechter dar. In ihren Vorträgen und Büchern, mit denen sie seit 1978 an die Öffentlichkeit trat, führte sie einmal mehr oder weniger gängige Wendungen aus der Bibel und der Alltagssprache an: In den Briefen des Apostels Paulus »heißt es ... : ›Das Weib soll schweigen in der Gemeinde‹«.[6] Aus der Alltagssprache sind Redensarten bekannt wie: »Ein Mann – ein Wort. Eine Frau – ein Wörterbuch« oder – drastischer – : »Mädchen, die pfeifen, und Hühnern, die krähen, soll man beizeiten die Hälse umdrehen.«[7] Die Tatsache, dass »die Vorstellungen, die hinter diesen geflügelten Worten stehen, ... tief in unserem Bewusstsein verankert (sind)« – damit auch dem der Frauen – »und ... noch heute eine Rolle (spielen)«[8], verdeutlicht sie durch Analysen öffentlicher Diskussionen, z.B. einem »Gespräch zwischen Politikern und Publizisten« am 14. Juli 1980 im Schweizer Fernsehen. Beteiligt waren acht Männer und eine Frau, eine Kombination, die sich auch im deutschen Fernsehen, u.a. in den ARD-Sendungen »Anne Will« feststellen lässt, wobei immer wieder auffällt, dass die Frau – im Unterschied zu ihren männlichen Mitstreitern – meist sehr gut aussieht bzw. aussehen muss.

In der Schweizer Sendung, die etwas länger als eine Stunde dauerte, redete jeder der acht Männer durchschnittlich doppelt so lang wie die einzige Frau, wobei ein Mann, der 24 Minuten gesprochen hat, am Ende auch noch gefragt wurde, »ob er angemessen zu Wort gekommen sei«.[9] Weiter ergriffen die Männer zwei bis acht Mal selber das Wort, die Frau nur ein Mal. »Die Männer beendeten ihre Beiträge überwiegend selbst … Die Frau beendete einen ihrer 5 Beiträge selbst, d.h. die übrigen endeten durch Eingriff anderer Sprecher«.[10] Auf weitere Mechanismen geschlechtstypischen Kommunikationsverhaltens einzugehen – wie Unterbrechungen, Redeerlaubnis, Satzformen usw. – würde an dieser Stelle zu weit führen. Wichtiger ist die Feststellung, dass die dargestellten Körper- und Kommunikationshaltungen sich inzwischen zwar abgeschwächt haben, aber weiterhin bestehen, dann bzw. vor allem stellt sich die Frage, woher das Ganze kommt.

Schiller, Goethe und Lorenz von Stein

Im europäischen Bereich spielte die Konditionierung zur Weiblichkeit eine entscheidende Rolle.

Mit Weiblichkeit werden auch heute noch Gefühl, Sanftmut, Fleiß, Häuslich- und Mütterlichkeit verbunden, während Stärke, Verstandeskräfte, Weltoffenheit und Kampfeswillen im Krieg wie im Frieden vermeintlich typisch männliche Eigenschaften sind.

Diese patriarchalische Geschlechterphilosophie wurde in den Bürgerlichen Revolutionen des 18. und 19. Jahrhunderts zwar nicht erfunden, aber vor dem Hintergrund technischer, wirtschaftlicher und politischer Umwälzungen maßgeblich zementiert. Für den deutschen Kultur- und Sprachbereich geht

Carl Joseph Begas (1794–1854):
Die Familie Begas (1821; Öl/ Leinwand)

das aus Werken renommierter Vertreter der damaligen Literatur, Nationalökonomie bzw. Volkswirtschaftslehre und Pädagogik eindrucksvoll hervor.

Am bekanntesten sind wohl Passagen aus Friedrich Schillers (1759–1805) »Lied von der Glocke«, das jahrelang in keinem Schulbuch fehlen durfte. Dort muss »der Mann ... hinaus ins feindliche Leben gehen, ... wirken und streben und pflanzen und schaffen«, während »die züchtige Hausfrau, die Mutter der Kinder (drinnen waltet) und … (weise) herrschet im häuslichen Kreise … und … ohne Ende die fleißigen Hände (reget)«.[11] Und Johann Wolfgang von Goethe (1749–1832) lässt in seinem 1797 erschienenen und in alle damals relevanten Sprachen übersetzten Epos »Hermann und Dorothea« das schöne Flüchtlingsmädchen dem verliebten Bürgersohn, der ihr am Brunnen die schweren Wasserkrüge abnehmen will, entgegnen: »Dienen lerne beizeiten das Weib nach seiner Bestimmung«, denn – so belehrt sie ihn weiter – »zu der verdienten Gewalt, die ihr im Hause gehöret, diente die Schwester dem Bruder doch früh, sie dienet den Eltern, und ihr Leben ist immer ein ewiges Gehen und Kommen oder ein Heben und Tragen, Bereiten und Schaffen für andere …«.[12]

Anders als Friedrich Schiller und Johann Wolfgang Goethe will der Nationalökonom Lorenz von Stein (1815–1890) – seiner Profession entsprechend – beim Thema »Weiblichkeit« »mitten in das wirkliche Leben (greifen)«. Seiner Ansicht nach wird durch das »der thätigen, arbeitenden Menschheit … eine Linie gezogen, welche zwei wesentlich verschiedene Dinge tiefer scheidet als die Meere der Welt die Theile derselben. Diese Linie bildet die Schwelle des Hauses. Es ist gleichgültig, ob der Mann meilenweit von derselben entfernt ist, oder ihn und seine Arbeit von seinem eigentlichen Hause nichts trennt als die Thür zwischen seinem Arbeitszimmer und seiner Wohnung. Immer liegen diesseits und jenseits dieser Schwelle zwei wesentlich verschiedene Ordnungen des Daseins … An der Schwelle dieses Hauses aber steht die Frau. Ich weiß wohl, was ich dort von ihr erwarte, ich weiß, daß ihre weiche Hand mir die Stirn glättet und ihre freundlichen Worte wie Tautropfen auf die Mühen des Tages fallen ... Brauche ich eigentlich mehr darüber hinzuzufügen, als die in der Natur des Hauswesens selbst liegende Forderung an die Frau, daß sie auch in ihrer Küche doch zuletzt wesentlich für ihren Mann kochen soll?«.[13]

Campes »Väterlicher Rat an meine Tochter«

Dass sich diese Positionen – auch in weiblichen Köpfen – in ihren wesentlichen Zügen bis in die jüngste Gegenwart erhalten haben, ist nicht zuletzt der Pädagogik zu verdanken, deren bedeutendste Vertreter sich zwar vorwiegend mit der Erziehung der männlichen Jugend, partiell aber auch mit der der weiblichen befasst haben.

Am folgenreichsten wirkte sich das Werk Johann Heinrich Campes (1746–1818) »Väterlicher Rat an meine Tochter« aus, das er der »erwachsenen weiblichen Jugend« widmete und das von seinem Erscheinen 1787 bis 1832 zehn Auflagen erlebte.

»Worin«, so fragte der Verfasser, liegt denn »die allgemeine menschliche Bestimmung für dich, mein Kind?«, und nachdem er seitenlang vor Putzsucht, Lesewut und vor allem künstlerischem wie wissenschaftlichem Ehrgeiz pflichtvergessener Geschlechtsgenossinnen gewarnt hat, antwortet er:

»Ihr seyd vielmehr geschaffen – o, vernimm' deinen ehrwürdigen Beruf mit dankbarer Freude über die große Würde desselben! – um beglückende Gattinnen, bildende Mütter und weise Vorsteherinnen des innern Hauswesens zu werden; Gattinnen, die der ganzen zweiten Hälfte des Menschengeschlechts, der männlichen, welche die größeren Beschwerden, Sorgen und Mühseligkeiten zu tragen hat, durch zärtliche Theilnehmung, Liebe, Pflege und Fürsorge das Leben versüßen sollen; Mütter, welche nicht nur Kinder gebähren, sondern auch die ersten Keime jeder schönen menschlichen Tugend in ihnen pflegen ...«.[14]

Rousseaus »Sophie« und die Folgen

Hintergrund dieser pädagogischen Euphorie war das 1762 erschienene Erziehungsbuch »Emile« des französischen Schriftstellers und geistigen Revolutionärs Jean Jacques Rousseau (1712–1778). Es wurde unmittelbar nach seiner Veröffentlichung ins Deutsche übersetzt und zur Bibel geradezu aller dort agierenden Pädagogen. Dabei war den Mädchen nur das 5. und – im Vergleich zu den vorangehenden Kapiteln – kürzeste »Buch« gewidmet, in dem es um die Erziehung einer »Sophie« geht, die – wie Eva für Adam – für »Emile« geschaffen werden soll. Für Rousseau will die Natur, »daß die Frauen denken, urteilen, lieben, daß sie Kenntnisse erwerben und ihren Geist so gut wie ihren Körper pflegen«. Aber diese Fähigkeiten sollen immer auf die Männer bezogen sein: »Ihnen zu gefallen und nützlich zu sein, sich bei ihnen beliebt und begehrt zu machen, sie in ihrer Jugend zu erziehen und als Erwachsene zu umsorgen, ihnen zu raten und sie zu

Ludwig Richter (1803 – 1884): Lob des Weibes (1851; Holzschnitt)

trösten, ihnen das Leben angenehm zu machen und zu versüßen, sind die Pflichten der Frauen zu allen Zeiten, und die muß man sie lehren von Kindheit an«; denn »Die Frau ist besonders dafür geschaffen, dem Mann zu gefallen«: »La femme est faite spécialement pour plaire à l'homme.«[15]

Aber Rousseau wurde nicht nur gefeiert; er wurde – wenn zwar nur von wenigen – auch massiv kritisiert, zunächst von der englischen Schriftstellerin Mary Wollstonecraft (1759–1797), die seine Überlegungen zur Mädchenpädagogik in ihrer 1792 erschienenen Schrift »A vindication of the rights of women« als »ungereimte Chimären« abtat.[16]

Eine spätere Kritikerin war die Lehrerin, Mädchenschulpädagogin und Frauenrechtlerin Helene Lange (1848–1930). 1872 fand in Weimar eine Konferenz von 164 Lehrern, darunter 54 weiblichen, über eine Reform der Mädchenbildung statt. Darin wurde eine Mädchenschule gefordert, »welche auf die Natur und Lebensbestimmung des Weibes Rücksicht nimmt«, denn – so die Begründung – »es gilt, dem Weibe eine der Geistesbildung des Mannes ... ebenbürtige Erziehung zu ermöglichen, damit der deutsche Mann nicht durch die geistige Kurzsichtigkeit und Engherzigkeit seiner Frau am häuslichen Herd gelangweilt und in seiner Hingabe an höhere Interessen gelähmt werde«.[17] Daraufhin schrieb Helene Lange in ihrer berühmten »Gelben Broschüre«, der Begleitschrift zu einer Petition Berliner Lehrerinnen, an den Reichstag: »Solange die Frau nicht um ihrer selbst willen ... gebildet wird, solange sie im Anschluss an Rousseaus ... sehr bedenkliche Ansichten in Deutschland nur des Mannes wegen erzogen werden soll, solange konsequenterweise die geistig unselbständigste Frau die beste ist, ... solange wird es mit der deutschen Frauenbildung nicht anders werden«, und sie fügte sarkastisch hinzu: »Das wird nun vielen Männern als kein großer Schaden erscheinen, wenn nur ihr Behagen dabei gesichert ist.«[18]

Die Kritik an Rousseau und seinen geistesverwandten Nachfolgern konnte sich aber nicht durchsetzen. Wie in den christlichen Kirchen nicht die Version von der Schaffung der Frau und des Mannes nach Gottes Ebenbild, sondern die von Evas Schaffung aus Adams Rippe als seiner »Gehilfin« den Sieg davontrug, so behauptete sich bis ins 20. Jahrhundert hinein nicht eine demokratische, sondern die konservative, besser reaktionäre Geschlechterphilosophie.

In der Weimarer Republik räumte die Verfassung Bürgerinnen wie Bürgern zwar die gleichen politischen Rechte ein und beseitigte durch den Artikel 28 auch alle Ausnahmebestimmungen für weibliche Beamte, so das Beamtinnenzölibat, nach dem eine Frau mit ihrer Verheiratung ihren Arbeitsplatz und ihren Anspruch auf Altersversorgung verlor, aber – wie in der Gesellschaft insgesamt – so kam es auch im Schulwesen zu keinem durchgreifenden Demokratisierungsprozess und – von der Reformpädagogik der Weimarer Zeit abgesehen – lebte der alte Geist in der Praxis der meisten Lehrer, in der Schulaufsicht und in den Schulbüchern weiter.

Im NS-Staat wurde diese Praxis durch die Einführung der Rassenkunde und die rassische Durchdringung aller Schulfächer verschärft und gipfelte für die Schülerinnen darin, dass, wie Adolf Hitler im 1. Band seiner sogenannten politischen

Biografie schrieb, dass »das Ziel der weiblichen Erziehung … unverrückbar die kommende Mutter zu sein«[19] habe.

Nach dem Zweiten Weltkrieg – ich beschränke mich auf die Westzonen bzw. das spätere Westdeutschland – wurde versucht, neue Wege zu gehen. Das Hamburger Abkommen der Länderregierungen von 1964 hatte die Chancengleichheit auch der Geschlechter und damit den Abbau der überkommenen Geschlechterphilosophie im Blick und schloss sogar Schulversuche mit ein. Trotzdem blieb die geschlechtsspezifische Ausrichtung der Mädchenbildung weitgehend bestehen. So hieß es, um nur ein Beispiel zu nennen, in den Richtlinien und Stoffplänen für NRW-Grundschulplänen noch 1967: »Erziehung und Unterricht nehmen auf Eigenart und Lebensaufgabe der Geschlechter gebührend Rücksicht. Das Mädchen ist nicht nur Kind, sondern auch Tochter und Schwester; es wird in Zukunft Mutter sein, oder es hat als berufstätige Frau sein Leben fraulich zu gestalten. Daher ist es auf seine wesenhaft weiblichen Anlagen, Kräfte und Aufgaben hin zu bilden.« Dazu gehört auch, dass in allen Bundesländern – ausgenommen Westberlin – Hauswirtschaft und Handarbeit ausschließlich Pflichtfächer für Mädchen waren.

Koedukation contra Weiblichkeit

Dass sich die Mädchenbildung – und vor dem Hintergrund der Koedukation – dabei auch die der Jungen – zumindest teilweise demokratisiert hat, geht auf bildungswissenschaftliche und -politische Forderungen zurück, die seit Beginn der siebziger Jahre erhoben wurden. Sie reichen von der ersten, noch unverbindlichen Initiative des Braunschweiger Schulbuchinstituts, den »Empfehlungen zur Darstellung der Frau in Schulbüchern« (1972) über den »Bereich von Bildung und Ausbildung« im 15-seitigen »Manifest zur Frauenemanzipation« (1972) der damaligen Jung-Demokratin und späteren SPD-Genossin Ingrid Matthäus-Maier, die vorsichtigen Appelle der Kultusministerkonferenz (1986) und des Bundestages zur »Bildung 2000« (1990) bis zu den zahlreichen Initiativen der Gleichstellungsbeauftragten der einzelnen Länder. Dabei ging das »Pädagogisch-inhaltliche Konzept« des bremischen Bildungssenators (1985), dessen Passagen zu einer geschlechtergerechten Erziehung sich fast wörtlich auf einen Text der Gleichstellungsbeauftragten Ursel Kerstein bezogen, erstmals über unverbindliche Formulierungen hinaus. Denn sie verpflichteten die Lehrkräfte des Landes Bremen, »die Unterrichtsinhalte aller Fächer ... so zu gestalten, daß geschlechtsspezifische Rollenzuweisungen vermieden ... werden«.[20]

Trotzdem sind diese Forderungen bisher mehr oder weniger folgenlos geblieben. Ihre Realisierung bleibt eine Aufgabe der Genderforschung, -pädagogik und -politik.

Anmerkungen

1 Suttner, Bertha von: »Die Waffen nieder!« (1889), Husum 2013, S. 10.
2 Jachina, Gusel: Suleika öffnet die Augen, zit. der Freitag Nr.8/23.2.2017, »Leseprobe«, S. III.
3 Bourdieu, Pierre: Die männliche Herrschaft (1998), Frankfurt am Main 2015, S. 15; vgl. Cardella, Lara: Ich wollte Hosen, Mailand 1989, Frankfurt am Main 1990, S. 9, 13, 34, 40.
4 Wex, Marianne: »Weibliche« und »männliche« Körpersprache als Folge patriarchalischer Machtverhältnisse, Hamburg 1979, S. 6; aktuell: Peter Weissenburger: Beine breit – »Manspreading«; in taz 27.1.2016.
5 Wex, a.a.O., S. 7.
6 zit. Trömel-Plötz, Senta: Frauensprache – Sprache der Veränderung, Frankfurt am Main (1982) 1988, S. 28.
7 zit. a.a.O., S. 27.
8 vgl. Anm.6.
9 Trömel-Plötz, a.a.O., S. 175.
10 a.a.O., S. 176.
11 Friedrich Schiller: Das Lied von der Glocke; in: Der ewige Brunnen (Hrsg. Ludwig Reiners), München 1955, S. 566–571; S. 567.
12 Johann Wolfgang von Goethe: »Hermann und Dorothea« (1797), Goethes Werke Bd.II (Hrsg. Erich Trunz), München 1981, S. 494.

13 zit. Gerhard, Ute: Verhältnisse und Verhinderungen, Frauenarbeit, Familie und Rechte der Frauen im 19. Jh., Frankfurt am Main 1978, S. 319f.

14 zit. a.a.O., S. 372.

15 zit. Gerhard, Ute: Unerhört – Die Geschichte der deutschen Frauenbewegung, Hamburg 1990, S. 139.

16 zit. Simmel, Monika: Erziehung zum Weibe – Mädchenbildung im 19. Jahrhundert, Frankfurt am Main 1980, S. 58.

17 Helene Lange: Kampfzeiten – Aufsätze und Reden aus vier Jahrzehnten, Bd.1, Berlin 1928, S. 9f.

18 a.a.O., S. 19.

19 Adolf Hitler: Mein Kampf, München 1937, S. 460.

20 Senator für Bildung, Wissenschaft und Kunst (Hrsg.): Pädagogisch-inhaltliches Konzept (PIK), Bremen 1985, S. 23–26; S. 24.

»Er sei dein Herr ...« Geschlechtsvormundschaft und Ehevogtei

2016 lief in deutschen Kinos ein saudiarabischer Film, der einer Sensation geichkam: »Das Mädchen Wadjda«.

Einmal war es der erste Film dieses Landes überhaupt; dann wurde er von einer Frau gedreht, der Regisseurin Haifaa al-Mansour, und Frauen ist es dort verboten, Regie zu führen, schon gar nicht in der Öffentlichkeit und zusammen mit Männern. Deshalb konnte al-Mansour ihr Vorhaben nur mithilfe eines ausländischen Teams realisieren. Außerdem musste sie bei den Dreharbeiten verborgen in einem Lieferwagen sitzen und ihre Anweisungen per Funk und Monitor an die Kameraleute Roman Paul und Gerhard Meixner geben. Die eigentliche Sensation aber ist die Handlung: Ein zehnjähriges Mädchen – Wadjda – will ein Fahrrad haben und es auch fahren. Dass dieser harmlose Kinderwunsch zu einem dramatischen Konflikt führt, geht – wie die Entstehungsbedingungen des Films – auf das gesetzliche System eines der gegenwärtig patriarchalischsten Länder zurück: die Geschlechtsvormundschaft.

Danach hat jede Araberin lebenslang einen Vormund: als Mädchen den Vater, als Ehefrau den Ehemann; sind Vater und Ehemann nicht mehr am Leben und gibt es keinen weiteren männlichen Verwandten – Bruder, Onkel oder Sohn – übernimmt der Gouverneur, der jeweis ein hochrangiger Prinz ist,

Haifaa al Mansour, saudi-arabische Drehbuchautorin und Regisseurin

Waad Mohammed – Hauptdarstellerin des Films
»Das Mädchen Wadjda« (2012) von Haifaa al-Mansour

deren Funktion. Damit ist ein weibliches Wesen in allen Bereichen des Lebens von einem Vormund abhängig: Er entscheidet über Schulbildung, Studium, Heirat, Beruf, auch Auslandsreisen. Erst 2001 hat die Regierung Personalausweise für Frauen zugelassen; bis dahin wurden sie mit ihrem Namen, aber ohne Lichtbild, auf dem Ausweis des jeweiligen Vormunds geführt, was ihnen den »rechtlichen Status von Schafen« gab.[1]

Geschlechtsvormundschaft in Europa

Aber Europäerinnen sollten sich über die vorsintflutlich anmutenden Lebensbedingungen ihrer arabischen Schwestern nicht allzu sehr verwundern oder gar empören, denn die Geschlechtsvormundschaft war in der westlichen Welt ein mehr als zweitausend Jahre altes Rechtsinstitut, das »als wichtiges Merkmal des Familienpatriarchalismus ... innerhalb des Kreises antiker Kulturvölker (in Griechenland) zum ersten Male vollentwickelt« auftrat.[2]

Im alten Rom hieß es »manus«, bei den germanischen Stämmen »munt« und in den späteren Jahrhunderten bestimmte es – vor dem Hintergrund des römisch-kanonischen Rechts der Katholischen Kirche – das Leben der Frauen in den europäischen Ländern: in denen des »Heiligen Römischen Reiches deutscher Nation« (962–1806) – als »ius commune«, in den angelsächsischen Ländern als »common law« und in Frankreich als »droits coûtumiers«; mit dem »Code civil«, der auch im besetzten linken Rheinufer und in Baden galt, legte Napoléon 1804 die patriarchalischste Form der Geschlechtsvormundschaft vor: So forderte der Kaiser, der sich im selben Jahr selber gekrönt hatte, bei den Beratungen der einzelnen Artikel: »Ein Ehemann soll eine absolute Herrschaft über die Handlungen seiner Frau ausüben; er hat das Recht ihr zu sagen: Madame, Sie werden nicht ausgehen; Sie werden nicht das Theater besuchen; Sie werden mit der oder jener Person nicht verkehren«.[3]

Ehevogtei

Im »Deutschen Bund« (1815–1866) wurde die Geschlechtsvormundschaft seit den dreißiger Jahren für ledige Frauen schrittweise aufgehoben bzw. als »Ehevogtei« auf die verheirateten beschränkt. Allerdings blieb die »väterliche Gewalt« über die ledig Gebliebenen bis zum Tod des Vaters bestehen.

Als solche wurde die Ehevogtei im seit 1900 geltenden »Bürgerlichen Gesetzbuch« (BGB) des 1871 gegründeten Deutschen Kaiserreichs weitgehend erhalten und erst infolge des Gleichberechtigungsgrundsatzes des Bonner Grundgesetzes von 1949 – allerdings mit wiederholter Verzögerung – aufgehoben, wobei die Auswirkungen gesetzlich und gesellschaftlich noch immer zu spüren sind.

Nach dem BGB hatte der Ehemann fast alles zu bestimmen: den Familiennamen (§1355), Wohnung und Wohnort (§1354), die Angelegenheiten der gemeinsamen Kinder (§1627) sowie die Verwendung ihres Vermögens (§1649). Selbstverständlich war auch das »Vermögen der Frau … der Verwaltung und Nutznießung des Mannes unterworfen« (§1363), weshalb die Höhe der Mitgift – jedenfalls in besitzenden Kreisen des Bürgertums – das wichtigste Thema der Verhandlungen zwischen Brautvater und zukünftigem Schwiegersohn war, an denen die Braut aus Gründen der Schicklichkeit nie teilnahm.

Ein literarisches Beispiel für diesen Mitgifthandel ist in Thomas Manns Roman »Buddenbrooks« (1901) zu finden:

Marie Marcks (1922–2014), o.T.;
Geschlechtsvormundschaft und Ehevogtei in der Karikatur

Der bankrotte Kaufmann Bendix Grünlich wirbt um die Tochter des reichen und angesehenen Konsuls Johann Buddenbrook aus Lübeck. Dabei gelingt es dem Heiratskandidaten, die angebotenen 70.000 Mark auf 80.000 hochzutreiben, worauf der Konsul zufrieden eingeht, denn »erst mit 80.000« war, was Grünlich offenbar nicht weiß, »die ›traditionelle Höhe der Bar-Mitgift‹ erreicht«.[4]

Ging die Ehefrau einer Erwerbstätigkeit nach, was gesellschaftlich verpönt und selbst in Arbeiterfamilien nur der materiellen Not gehorchend zugelassen wurde, konnte der Mann das Arbeitsverhältnis seiner Frau »ohne Einhaltung der Kündigungsfrist kündigen … wenn er der Ansicht war, dass »die Tätigkeit der Frau die ehelichen Interessen beeinträchtigt(e)« (§1358), d.h. die Haushaltsführung, die Erziehung der Kinder oder auch eine für den Mann befriedigende Erfüllung der sogenannten »ehelichen Pflichten«. War dagegen der Mann – aus welchen Gründen auch immer – »außerstande … sich selbst zu unterhalten«, war die Frau verpflichtet, ihm »den seiner Lebensstellung entsprechenden Unterhalt nach Maßgabe ihres Vermögens und ihrer Erwerbstätigkeit … (zu) gewähren« (§1360). In diesem Falle musste sie also das tun, was ihr normalerweise verwehrt war.

Als Entschädigung gewissermaßen für den Verlust der Rechte, die sie als Unverheiratete gehabt hätte, hatte die Ehefrau gesetzlichen Anspruch auf standesgemäße Wohnung, Kleidung und Ernährung (§1360). Auch hatte sie das Recht, »innerhalb ihres häuslichen Wirkungskreises die Geschäfte des Mannes für ihn« zu »besorgen«, was er aber jederzeit

»beschränken oder ausschließen« konnte (§1357), weiter war sie berechtigt, für das leibliche Wohl vor allem der kleinen Kinder zu sorgen (§1634).[5]

Das Jahrhunderte geltende Recht des Vaters, auch über die Ernährung des Säuglings zu entscheiden, das noch im Allgemeinen Landrecht Preußens (ALR) von 1794 geregelt war – »wie lange sie«, d.h. die Mutter, »dem Kinde die Brust reichen solle, hängt von der Bestimmung des Vaters ab«[6] – wurde im BGB allerdings nicht mehr aufgenommen, ebenso wenig das eheherrliche Züchtigungsrecht, das – nach demselben Landrecht – bestand und nur »gegen … schwangere Personen … so lange die Schwangerschaft dauert, nicht« ausgeübt werden durfte.[7]

Frauenfeindlichkeit in Religion und Philosophie

Hintergrund der Geschlechtsvormundschaft und Ehevogtei waren frauenfeindliche Vorstellungen arabischer wie europäischer Theologen und Philosophen.

Aus dem Koran ist vor allem die 4. Sure – »Die Weiber« – bekannt. Dort heißt es u.a.: »Die Männer sind den Weibern überlegen … weil sie von ihrem Geld (für die Weiber) auslegen. Die rechtschaffenen Weiber sind gehorsam … Diejenigen aber, für deren Widerspenstigkeit ihr fürchtet … verbannt sie in die Schlafgemächer und schlagt sie …« (Vers 34).

In der 33. Sure (Vers 59) wird verlangt, dass Frauen sich verschleiern: »O Prophet, sprich zu … den Weibern der

Gläubigen, daß sie sich in ihren Überwurf verhüllen. So werden sie eher erkannt«, d.h. als »anständige Frauen« angesehen.[8]

Noch deutlicher äußerte sich der arabische Arzt und Philosoph Ibn Sina Avicenna (980–1037). Nach seinem »Buch der Genesung der Seele« »ist es (der Frau) aufzuerlegen, daß sie im Hause streng behütet werde; denn sie ist leichtsinnig und in der Liebe selbstsüchtig. Zugleich aber … leistet sie weniger dem Verstande Gehorsam … Daher ist es erforderlich … daß sie sich verschleiert und zurückgezogen lebe. Die Frau darf daher keine gewinnbringenden Beschäftigungen unternehmen … aus diesem Grunde muß … sie allen Anforderungen des Haushaltes entsprechen nach den Wünschen des Mannes; der Mann muß die Auslagen bestreiten«. Als »Entgelt dafür« kann der Mann »über die Frau … befehlen …, während sie jedoch nicht über den Mann herrscht«.[9]

Das religiöse Pendant zum Koran ist im europäischen Bereich die Bibel, hier das Neue Testament. So schreibt Paulus, neben Petrus der bekannteste der zwölf Apostel, in seinem »1. Brief an die Korinther«: »Christus (ist) das Haupt eines jeden Mannes; der Mann aber ist das Haupt der Frau« (Kap.11, Vers 3), oder: »Der Mann soll das Haupt nicht bedecken, denn er ist Gottes Bild und Abglanz; die Frau aber ist des Mannes Abglanz« (Vers 7), deshalb muss sie sich verschleiern, wenn sie »vor Gott betet« (nach Vers 13). Auch »gestatte(t)« Paulus »einer Frau … nicht, dass sie lehre, auch nicht, dass sie über den Mann herrsche«, denn – so Paulus in Bezug auf den biblischen Sündenfall und die Vertreibung des ersten Menschenpaares aus dem Paradies – »Adam wurde nicht verführt, die

Frau aber wurde verführt und übertrat das Gebot« (Kap. 2, Vers 12,14).[10]

Ähnlich wie Avicenna hat Jahrhunderte vor ihm der griechische Philosoph Aristoteles (384–322 v. Chr.) gedacht, allerdings noch entschiedener, wenn er die weibliche Minderwertigkeit auch theoretisch begründete. Nach seiner »Mas-occasionatus-Theorie« ist die Frau »kein selbständiges, sondern nur ein occasionatus, unzulänglich zustande gekommenes, mißgebildetes mas, männliches Wesen.«[11]

Avicenna wie Aristoteles aber haben mit ihren Positionen erheblichen Einfluss auf die katholischen Theologen des europäischen Mittelalters gehabt, vor allem auf Thomas von Aquin (1224–1274) oder Albertus Magnus (1200–1280), deren frauenfeindlichen Aussagen reihenweise im »Hexenhammer«, dem »Malleus Maleficarum«, der Dominikanermönche Jakob Sprenger und Heinrich Institoris zitiert wurden, der 1487 im Erstdruck erschien und zum Handbuch der bis ins 18. Jahrhundert betriebenen Vernichtung vor allem weiblicher Menschen wurde.[12]

Aber wie haben die Frauen – es soll hier nur um die Europas gehen – auf Geschlechtsvormundschaft und Ehevogtei, wie auf die Frauenverachtung in Philosophie und Theologie reagiert?

Abgesehen von Nonnen, die in den Klöstern des Mittelalters Lesen und Schreiben lernten, deutsch und lateinisch, kann die weltliche Mehrheit davon kaum etwas mitbekommen haben, auch nicht in Kirchen, denn der Gottesdienst wurde bis zur Reformation nur in lateinischer Sprache abgehalten. In den Mädchenschulen allerdings, die Martin Luther auch für die weibliche Jugend gefordert hatte, wurde Lesen und Schreiben in deutscher Sprache unterrichtet und im wichtigsten Fach Religion behandelte man neben dem Katechismus »Psalmen, geistliche Lieder und … ›biblische Historien‹«.[13] Aber wie sollen bis zwölfjährige Schülerinnen, für die es Schulen ohnehin nur in Städten gab, die Bibel kritisch gelesen haben, wenn selbst die gebildetsten der Nonnen des Mittelalters sich mit der Misogynie biblischer und theologischer Texte identifizierten?

Die Klostergründerin und Gelehrte Hildegard von Bingen (1098–1179) nannte sich öffentlich eine »furchtsame, armselige Frau« und in einem Brief an den Abt Bernhard von Clairvaux »erbärmlich und mehr als erbärmlich in meinem Sein als Frau«[14]; eine Nonne, die um 1150 als Künstlerin tätig war, versah die Initiale bzw. den Anfangsbuchstaben A einer von ihr gestalteten Predigtsammlung mit der Signatur: »GUDA peccatrix mulier spripsit et pinxit«, d.h. »Guda, eine sündige Frau, schrieb und malte (dies)«.[15]

Für Kritik oder gar Ablehnung von Geschlechtsvormundschaft und Ehevogtei wären juristische Kenntnisse nötig gewesen. Aber Gesetze wurden an Universitäten gelehrt, und Frauen hatten bis zum Beginn des 20. Jahrhunderts zu keinem Studium Zugang. Außerdem wirkte sich der herrschende Patriarchalismus auf gute Ehen zwischen gefühls- und geistesverwandten Männern und Frauen mit Sicherheit nicht oder nur kaum aus. Denn – wie die Frauenrechtlerin Helene Lange (1848–1950) in ihrem Aufsatz »Das bürgerliche Gesetzbuch und die Frauen« schrieb: »Gesetze werden nicht für gute, sondern für schlechte Ehen gemacht«.[16]

Wie es in letzteren aussehen konnte, geht aus zahlreichen Berichten der 1850 gegründeten »Frauen-Zeitung« der politischen Schriftstellerin Louise Otto (1819–1895) hervor. So schreibt eine »Friederike« in der Ausgabe vom 15. Juni 1850 über einen »Justizbeamten«, der seine »Frau … mit der ausgezeichnetsten Brutalität (behandelte)«. Als »diese, endlich der vielen Mißhandlungen müde, drohte, ihm sein Betragen beim Gericht anzugeben … holte er das Landrecht … und (las) ihr … die darauf bezug habenden Paragraphen vor … mit der Versicherung, daß er wisse, was ihm erlaubt sei«.[17]

In einem anderen Fall wollte eine Frau ihren Mann verlassen, weil er sie schlug und auch ihr Vermögen durchgebracht hatte. Als sie ihm ihre Absicht mitteilte, »sagte er ganz ruhig zu ihr: gehe nur, der Gendarm wird dich zeitig genug wieder zurückbringen, denn ich sage: du hättest mich böslich verlassen. Die arme Frau blieb und mußte bleiben, denn das Gesetz befiehlt es ihr.«[18]

Als Louise Otto-Peters – sie hatte inzwischen den aus dem Zuchthaus entlassenen Revolutionär August Peters geheiratet – einige Jahre später Frauen darum bat, über ihre leidvollen Erfahrungen mit der Ehe zu berichten, verzichtete sie auf die ursprünglich geplante Veröffentlichung, »weil unsere Feder sich sträubt, in diesen Schmutz zu tauchen.«[19]

Dass sich die betroffenen Frauen lange Zeit nicht wehrten, erklärte die bereits genannte »Friederike« mit Gewöhnung und damit, dass man »dieselben nie ganz zum Bewußtsein ihrer Rechte kommen lasse«. Außerdem würden »Männer ... den Frauen ihr Dasein mit einer durch Opium versetzten Liebe (versüßen)«.[20]

Aus heutiger Sicht könnte die augenscheinliche Gleichgültigkeit der weiblichen Mehrheit darüber hinaus mithilfe der Tiefenpsychologie erklärt werden. Danach »verinnerlicht und übernimmt (eine Person) – hier die Frau – »ohne ihr bewusstes Wissen und oft gegen ihren bewussten Willen ... Werte ... des Aggressors« – hier des Mannes – »und macht sie zu Anteilen ihres Selbst«.[21]

Dass diese »Identifikation mit dem Aggressor« auch literarisch auftrat, zeigen die Veröffentlichungen und Erfolge der Schriftstellerin Laura Marholm (1854–1928), für die »das Weib ... seelisch und physiologisch eine Kapsel über einer Leere« war, »die erst der Mann kommen muß zu füllen«[22]; ein politisches Beispiel ist die Tatsache, dass zum vor dem Ersten Weltkrieg gegründeten »Deutschen Bund gegen die Frauenemanzipation« in den Vorständen auch weibliche Mitglieder zu finden waren, z.B. in einer Ortsgruppe in Bremen.[23]

Aber vor dem Hintergrund der allgemeinen Bewegung, die die Revolution 1848 auslöste, wagten immer mehr Frauen, ihre Leiden unter der Ehevogtei zum Ausdruck zu bringen, zunächst in der Literatur. »Fesseln will man uns am Herde«, schrieb die 19-jährige Dichterin Annette von Droste-Hülshoff (1794–1848), »unsere Sehnsucht nennt man Wahn und Traum«[24], und in ihrem Gedicht »Am Turme« wird diese Sehnsucht zum Verlangen einer Freiheit, die Männern offen-

Annette von Droste-Hülshoff (1797 – 1848),
Gemälde von Johann Joseph Sprick (1838)

Am Turme

Ich steh auf hohem Balkon an Turm,
Umstrichen von schreienden Stare,
Und laß gleich einer Mänade den Sturm
Mir wühlen im flatternden Haare;
O wilder Geselle, o toller Fant,
Ich möchte dich kräftig umschlingen,
Und, Sehne an Sehne, zwei Schritte vom Rand
Auf Tod und Leben dann ringen!

Und drunten sehr ich am Strand, so frisch
Wie spielende Doggen, die Wellen
Sich tummeln rings mit Geklaff und Gezisch
Und glänzende Flocken schnellen.
Oh, springen möchte' ich hinein alsbald,
Recht in die tobende Meute,
Und jagen durch den korallenen Wald
Das Wallroß, die lustige Beute!

Und drüben sehr ich Wimpel wehn
So keck wie eine Standarte,
Seh' auf und nieder den Kiel sich drehn
Von meiner luftigen Warte;
Oh, sitzen möcht' ich im kämpfenden Schiff,
Das Steuerruder ergreifen,
Und zischend über das brandende Riff
Wie eine Silbermöwe streifen.

Wär' ich ein Jäger auf freier Flur,
Ein Stück nur von einem Soldaten,

Wär' ich ein Mann doch mindestens nur,
So würde der Himmel mir raten;
Nun muß ich sitzen so fein und klar,
Gleich einem artigen Kinde,
Und darf nur heimlich lösen mein Haar
Und lassen es flattern im Winde!

Annette von Droste-Hülshoff: Am Turm, in: Ulla Hahn (Hrsg.):
Stechäpfel – Gedichte von Frauen aus drei Jahrtausenden, Stuttgart 1992

stehe, während ihr als Frau nur das Leben eines »artigen Kinde(s)« bleibe.[25]

Weniger elegisch äußerte sich die Journalistin »Friederike«, nach der die Ehe für viele Frauen »nur ein großer unermeßlicher Kerker« sei[26], desgleichen die Schriftstellerin und 48erin Louise Aston (1814–1871), die in ihrer »Kerkerphantasie« in Bildern sogar von »Sklaverei« sprach:

Er sei dein Herr. Das Wort besteht,
Wie es von je bestanden!
Weil ich dies Herrentum geschmäht,
Seufz' ich in schweren Banden.
Doch meine Seele bleibe frei
Trotz Fesseln und Gefängnis
und trage in der Sklaverei
Bewußt ein groß' Verhängnis[27]

In ihrer Schrift »Meine Emancipation, Verweisung und Rechtfertigung« bekam ihre Ehekritik eine für die damalige Zeit hochpolitische Dimension, denn sie brachte sie in einem Verhör bei dem preußischen Polizeipräsidenten zum Ausdruck, als sie sagte: »Ich glaube allerdings nicht an die Notwendigkeit und Heiligkeit der Ehe … Ich kann ein Institut nicht billigen, daß mit der Anmaßung auftritt, das freie Recht der Persönlichkeit zu heiligen, während nirgends grade das Recht mehr mit Füßen getreten … wird, …, das einen Seelenbund sanktionieren will, während es meist nur den Seelenhandel sanktioniert. Ich verwerfe die Ehe, weil sie zum

Louise Aston (1814–1871)
Gemälde von Johann Baptist Reiter (um 1853/55)

Eigenthum macht, was nimmer Eigenthum sein kann: die freie Persönlichkeit ...!«[28]

Aber zunehmend zeigten sich auch Männer mit Frauen wie Louise Aston solidarisch, vor allem in angelsächsischen Ländern, wo die Ehe im »common law« noch rigider geregelt war als in deutschen Gesetzen. So kritisierte der englische Philosoph John Stuart Mill (1806–1873) in dem Buch »On the subjection of women«, das er zusammen mit seiner Frau Harriet Taylor (1807–1858) verfasste und nach deren Tod mit seiner Stieftochter Helen herausgegeben hat, die »Unterwerfung« der Frauen nicht nur in der Ehe, sondern auch im Beruf und in der Politik, und stellte im vierten und letzten Kapitel all die Vorteile dar, die die Gesellschaft von einer Gleichberechtigung der Geschlechter zu erwarten hätte.[29]

John Stuart Mill (1806–1873) und seine Stieftochter Helen Taylor (Foto ca. 1869)

Bertha Newcombe:
Elizabeth Garrett und Emily Davies übergeben 1860
die erste Petition für ein Frauenwahlrecht an John Stuart Mill
(Newcombes Bild von 1910)

In den USA gaben Lucy Stone (1818–1898) und Henry Blackwell (1825–1909) – beide in der dortigen Reformbewegung aktiv – ein bewegendes Beispiel gemeinsamen Protests. Als sie 1855 heirateten, lasen sie nach dem Verlassen der Kirche, wobei sie sich die Hände gaben, die folgende Stellungnahme vor:

»Während wir unsere gegenseitige Zuneigung dadurch kundtun, daß wir ... die Beziehung von Ehemann und Ehefrau eingehen ..., halten wir es für unsere Pflicht zu erklären, daß dieser Akt ... weder das Versprechen freiwilligen Gehorsams gegenüber solchen geltenden Gesetzen ... enthält, welche der Ehefrau die Anerkennung als unabhängiges vernünftiges Wesen verweigern, während sie dem Ehemann eine ungerechte und unnatürliche Vormachtstellung einräumen ... Wir protestieren besonders gegen die Gesetze, die dem Ehemann folgendes übertragen:

1. Die Aufsicht über die Person seiner Frau.
2. Die ausschließliche Kontrolle und Vormundschaft über die Kinder.
3. Den alleinigen Besitz ihrer persönlichen Habe und die Nutznießung ihres Grundbesitzes, wenn er nicht vorher auf sie oder auf Treuhänder übertragen wurde wie im Fall von Minderjährigen, Schwachsinnigen oder Geisteskranken.
4. Das absolute Recht auf die Früchte ihrer Arbeit.
5. Schließlich gegen das ganze System, durch welches die ›rechtliche Existenz der Frau während der Ehe aufgehoben ist‹«.[30]

Anmerkungen

1 Böhm, Peter: In der Knechtschaft; die tageszeitung (taz) 30.11.2016.
2 Weber, Marianne: Ehefrau und Mutter in der Rechtsentwicklung (1907), Aalen 1971, S. 143.
3 a.a.O., S. 320.
4 Mann, Thomas: Buddenbrooks (1901), Frankfurt am Main 2001, S. 174f.
5 Bürgerliches Gesetzbuch nebst Einführungsgesetz – erläutert von Dr. G. Planck, Bd.4 Familienrecht, Berlin 1901.
6 Weber, a.a.O., S. 339.
7 Allgemeines Landrecht für die Preußischen Staaten 1794 (ALR), §736 II.20; zit. Gerhard, Ute: Verhältnisse und Verhinderungen. Frauenarbeit, Familie und Rechte der Frauen im 19. Jahrhundert, Frankfurt am Main 1978, S. 239.
8 Der Koran, Stuttgart 1991.
9 zit. Stopczyk, Annegret: Was Philosophen über Frauen denken, München 1980, S. 49f.
10 Die Bibel nach Martin Luthers Übersetzung – Mit Apokryphen, Ev. Kirche in Dtld (Hrsg.), o.O. 2017.
11 Koch, Elisabeth: Die Frau im Recht der Frühen Neuzeit. Juristische Lehren und Begründungen. In: Gerhard, Ute (Hrsg.): Frauen in der Geschichte des Rechts – Von der Frühen Neuzeit bis zur Gegenwart, München 1997, S. 73–93; S. 77.
12 Sprenger, Jakob/Institoris, Heinrich: Der Hexenhammer (malleus maleficarum) Hrsg.: J.W.R. Schmidt, München

1985; vgl. Savramis, Demosthenes: Das sogenannte schwache Geschlecht, München 1972, S. 95–106.

13 Bäumer, Gertrud: Geschichte und Stand der Frauenbildung in Deutschland; in: Lange, Helene/Bäumer, Gertrud (Hrsg.): Handbuch der Frauenbewegung III.Teil (1901–1915), Weinheim und Basel 1980, S. 1–128; S. 24.

14 zit. Führkötter, Adelgundis: Hildegard von Bingen, Salzburg 1972, S. 39, 17.

15 zit. Schmitter, Romina: Wer war Lucretia de Saint Simon? Annäherung an eine Künstlerin, Oldenburg 2009, S. 98f.

16 Lange, Helene: Kampfzeiten – Aufsätze und Reden aus vier Jahrzehnten, 2 Bde; Bd.1 Berlin 1928, S. 177.

17 Friederike: Die Ehe; in: Frauen-Zeitung Nr.24, 15. Juni 1850; in: Gerhard,Ute/Hannover-Drück,Elisabeth/ Schmitter, Romina (Hrsg.). »Dem Reich der Freiheit werb' ich Bürgerinnen« – Die Frauen-Zeitung von Louise Otto, Frankfurt am Main 1979, S. 271.

18 a.a.O., S. 272.

19 »Neue Bahnen«, 11. Jg., 1876, Nr.2.

20 Friederike: Das Recht der Frauen; in: Frauen-Zeitung Nr. 21, 25. Mai 1850.

21 https://de.wikipedia.org/wiki/Identifikationen mit dem Aggressor. Zugriff: 20. Juni 2017.

22 zit. Gerhard, Ute: Unerhört – Die Geschichte der deutschen Frauenbewegung, Hamburg 1990, S. 217.

23 Der deutsche Bund gegen die Frauenemanzipation – Ortsgruppe Bremen; in: Bremer Nachrichten 25. März 1914.

24 Berron, Gottfried (Hrsg.): Annette von Droste-Hülshoff – Ausgewählte Kostbarkeiten, Lahr (Schwarzwald) 1988, S. 3.

25 Droste-Hülshoff, Annette von: Am Turme; in: Hahn, Ulla (Hrsg.): Stechäpfel – Gedichte von Frauen aus drei Jahrtausenden, Stuttgart 1992, S. 64f.

26 Vgl. Anm. 19.

27 zit. Schmitter, Romina: Frauen in Bürgerlichen Revolutionen; in: Bremer Frauenmuseum (Hrsg.): Marie Mindermann und die Revolution 1848, Bremen 1999, S. 93–102, S. 97.

28 StAB 4,14/1-XII.A.2.c.2.

29 Das englische Manuskript wurde 1861 abgeschlossen, 1869 veröffentlicht und im selben Jahr von der Schriftstellerin Jenny Hirsch (1892–1902) unter dem missverständlichen Titel »Die Hörigkeit der Frau« ins Deutsche übersetzt; Schröder, Hannelore (Hrsg.): John Stuart Mill/Harriet Taylor Mill/Helen Taylor: Die Hörigkeit der Frau und andere Schriften zur Frauenemanzipation; Frankfurt am Main 1976, S. 125–277.

30 zit. Flexner, Eleanor: Hundert Jahre Kampf – Die Geschichte der Frauenrechtsbewegung in den Vereinigten Staaten (1959), Frankfurt am Main 1978, S. 114.

»In dem Gebiete der Religion ...« Glaubensfreiheit und Mündigkeit

Als der Magdeburger Pastor Rudolph Dulon am 22. August des Jahres 1848 sein Amt in Bremen antrat, ahnte noch niemand, welche Folgen das haben würde. Man wusste nur, dass er ein liberaler Geistlicher war, und als solcher war er auch von den Bauherren der Kirche Unser Lieben Frauen angefragt und von den Männern der Gemeinde gewählt worden. Aber Dulon hatte schon in Magdeburg gezeigt, dass er seine Gesinnung nicht nur in geistlicher, sondern auch politischer Hinsicht verstand, denn er trat für demokratische Verfassungen und die Vereinigung der damals 39 Staaten des Deutschen Bundes ein, d.h. des österreichischen Kaiserreichs, der fünf Königreiche, sieben Großherzogtümer, zehn Herzogtümer, elf Fürstentümer, vier Freien Städte und eines Kurfürstentums.

In Bremen, wo dem Senat am 8. März eine Petition vorgelegt worden war, mit der 2000 Staatsbürger eine demokratische Verfassung der Hansestadt gefordert hatten, löste seine Anstellung entsprechende Begeisterung aus. So war im »Bremischen Volksfreund« vom 28. September 1850 zu lesen, dass »die Predigten des Herrn Pastor Dulon ... jetzt einen Beifall (finden) und ... in einer Weise besucht (werden), daß es wirklich in der Kirche an Raum gebricht, um alle Zuhörer aufzunehmen … Namentlich«, hieß es weiter, »wird die Kirche sehr von Damen besucht.«

Bremerinnen für Pastor Dulon

Als Dulon zwei Jahre später wegen seiner radikaldemokratischen Predigten von seinem Amt suspendiert wurde, waren diese »Damen« die ersten, die sich für ihn einsetzten: eine Abordnung – Meta Claußen, Anna Knigge und Marie Rogge – erschien am 17. März beim Senatspräsidenten Schumacher und überreichte ihm eine Petition. Darin baten die 5356 Unterzeichnerinnen – das war etwa ein Sechstel der weiblichen Bevölkerung[1] – den »Hohe(n) Senat …, den Suspensionsbeschluss gegen den Pastor Dulon zurückzunehmen und denselben in seinem Wirkungskreise zu belassen«.[2] Der Präsident wies die Petition zurück, weil sie nicht – wie vorgeschrieben – auf amtlich gestempeltem Papier verfasst worden war. Daraufhin wandten sich die drei Frauen an Bürgermeister Johann Smidt und baten ihn »unter Tränen, Dulon nicht abzusetzen«: Noch zweimal versuchten die Frauen, Smidt umzustimmen«[3]; aber vergeblich.

Die Petition der Bremerinnen war für die damalige Zeit eine Provokation!

Als »Staatsgenossinnen« besaßen sie zwar die Grundrechte der 1849 bewilligten Verfassung und damit auch das Recht, Petitionen zu übergeben; wie die wahlberechtigten »Staatsbürger« – durchweg Männer – konnten sie sogar verlangen,

Der Bremer Pastor Rudolph Dulon (1807 – 1870)
in seiner Zelle in der Haftanstalt Hoya/Weser
Lithographie von unbekannter Hand

dass auf ihre »Bitten und Beschwerden … an die Behörden … schriftliche Bescheide« gegeben würden«, die »mit … Gründen zu versehen« waren[4], aber Sitte und Gesellschaft geboten selbst Frauen wie denen der Abordnung, die nach der Erinnerung Smidts »wohlgekleidete und sich sehr anständig benehmende Frauenzimmer« waren[5], nicht in der Öffentlichkeit aufzutreten, schon gar nicht mit politischen Forderungen.

Die Petitentinnen waren selber der Meinung, dass das »Weib (in den Gebieten des öffentlichen Lebens) nie eine selbstständige Stellung eingenommen noch einzunehmen gewünscht« und sich »vertrauend … dem Manne, seiner höhern geistigen Kraft und Befähigung untergeordnet« habe.[6]

Aber: »In dem Gebiete der Religion«, schrieben sie, »darf und soll das Weib eine eigne Meinung, ein eignes Urtheil haben … da soll und darf die Frau nicht ohne Prüfung das Urtheil des Mannes acceptieren. In dem Gebiete der Religion und des Glaubens steht ein Jeder nur für sich selbst ein, und weder V a t e r noch B r u d e r, weder G a t t e noch F r e u n d können hier der Frau und Jungfrau irgendeine Autorität sein«.[7]

Damit ignorierten sie nicht nur gesellschaftliche Regeln, sondern übertraten auch das Gesetz der »Ehevogtei« bzw. – wie es in den bremischen Wahlgesetzen hieß – »Kuratel«.[8]

Entsprechend finden sich in der Petition neben den Unterschriften von »Jungfrauen« – daran erkennbar, dass sie nur aus Vor- und Nachnamen bestanden – die noch zahlreicheren von Ehefrauen, deren Namen das Wort »Frau« voran- oder »Ehefrau« oder Geburtsnamen nachgestellt waren.

Die Frage, ob die Ehefrauen von gleichgesinnten Gatten unterstützt worden waren oder sich deren Recht des Verbots widersetzt hatten, muss offen bleiben. Ersteres ist bei ausgewiesenen Demokraten wie Johannes Rösing, Johann Georg Meyer oder Heinrich Levin Rogge zu vermuten.

Presse- und Vereinsgesetze gegen Demokratinnen

Aber die Grundrechte der Frauen wurden auch in den anderen Staaten bzw. Ländern des Deutschen Bundes (1815–1866), des Norddeutschen Bundes (1866–1871), dann des Kaiserreichs (1871–1918) nicht nur durch herrschende Normen und die »Ehevogtei« beschränkt oder aufgehoben; darüber hinaus wirkten sich weitere Gesetze auf frauenpolitisches Handeln destruktiv aus.

In Sachsen war es das Pressegesetz von 1850. Danach durften »nur männliche Personen (die verantwortliche Redaction einer Zeitschrift) übernehmen«; das Gleiche galt für »Mitredacteure«.[9] Da sich das Pressegesetz indirekt gegen die Frauen-Zeitung der Gründerin und Redakteurin Louise Otto (1819–1895) richtete, machte es sofort als »Lex-Otto« die Runde.

Die Zeitschrift, deren erste Nummer am 21. April 1849 erschienen war und mit dem Motto »Dem Reich der Freiheit werb' ich Bürgerinnen« über die Grenzen Sachsens hinaus von Frauen und fast noch mehr von Männern gelesen wurde, musste schon Ende 1850 ihr Erscheinen einstellen; zwei weitere

Jahre konnte sie noch im thüringischen Gera herauskommen, wo es kein Pressegesetz gab.

In der vorletzten sächsischen Ausgabe protestierte Louise Otto gegen die »neue Unmündigkeitserklärung der Frauen … von Gesetzgebern desselben Landes, in welchem fast zuerst in Deutschland vor … zwanzig Jahren … die Geschlechtsvormundschaft« aufgehoben worden sei, und sie fuhr fort: »Wenn das sächsische Preßgesetz den Frauen verbietet, Redactionen zu führen und sich überhaupt dabei näher zu betheiligen, so wird ihnen mit diesem Rechte … auch … noch ein weiteres ›Recht auf Arbeit‹ mehr entzogen, womit es bei ihnen im Vergleich mit den Männern ohnehin schlecht genug steht«.[10]

Noch massiver und weiter als das sächsische Pressegesetz wirkten sich die Vereinsgesetze auf die beginnende Frauenbewegung aus. Diese Gesetze waren in den größten deutschen Staaten – Preußen und Bayern, ebenso im Herzogtum Braunschweig und einigen anderen Kleinstaaten – am strengsten.

Nach dem §8 der preußischen Fassung vom 11. März 1850 durften »Vereine, welche bezwecken, politische Gegenstände … zu erörtern … keine Frauenspersonen, Schüler und Lehrlinge als Mitglieder aufnehmen«. Außerdem konnten sie »den Versammlungen und Sitzungen solcher politischen Vereine nicht beiwohnen.«[11] »Was denken diese Kammer-Herren«, schrieb eine empörte Preußin in der demokratischen Berliner »Abendpost« – sie unterzeichnete ihren Artikel nur mit ihrem Vornamen »Hermine« – »fürchten sie etwa die Frau?

Der Deutsche Bund (1815–1848)

Fürchten sie, wir blicken ihnen zu tief in die Karten und betheiligen uns an einer möglichen deutschen Volkserhebung? … Wollen sie die Frau nur in der Küche und Kinderstube sehen … ?« Aber – fuhr sie fort: »Das wird ihnen nicht gelingen! … Die deutsche Frau weiß, was sie der Gegenwart, was sie der Zukunft … schuldig ist … und wird trotzdem, daß sie nicht mehr den Besprechungen Männer beiwohnen kann, jeden neuen Gewaltstreich der übermüthigen erkennen und treu im Gedächtnis bewahren. Wenn jene Herren glauben, dadurch der Frau die Nahrung für den politischen Geist zu entziehen, so irren sie, dann müßten sie die Macht haben uns das Lesen aller politischer Blätter und Schriften zu verbieten, und diese Macht haben sie trotz all' ihrer Gewaltthaten noch nicht!«[12]

In weniger reaktionären Staaten wie den Großherzogtümern Mecklenburg-Schwerin und -Strelitz wurde es den Behörden überlassen, über die »Theilnahme von Frauenspersonen« zu entscheiden, ein Recht, das sie allerdings meistens gegen die Frauen auslegten.

Im Königreich Sachsen, in Württemberg, Baden und 13 weiteren deutschen Staaten sowie in den 4 Hansestädten galt das Vereinsgesetz nach der Mitte des 19. Jahrhunderts nicht mehr. Aber die Tatsache, dass es in Preußen und Bayern bestehen blieb, und zwar bis zu seiner Aufhebung durch das Reichsvereinsgesetz von 1908[13], war »verhängnisvoll … für das ganze übrige Deutschland«, weil es sich bei dem Königreich Preußen »um den führenden Bundesstaat und das wichtigste geistige, soziale und politische Centrum, die Reichshauptstadt«, handelte.[14]

»Demokratische« Versammlung, März 1848;
Litographie von unbekannter Hand

Außerdem bestimmte das dortige Reichsgericht, was im einzelnen Fall unter »politisch« zu verstehen war. Und da als Politik »alles« galt, »was nicht eine einzelne Person, sondern die gesamte Öffentlichkeit angeht«, konnten sogar Fragen der Säuglingspflege als politisch verboten werden.[15]

Dieser Einfluss Preußens wirkte sich selbst auf die Staaten aus, in denen Frauen die Teilnahme an Vereinen und Versammlungen erlaubt war. So kam es in Bremen, wo die Bürgerschaft das Verbot bereits 1870 als »eine das Gefühl des freien Bürgers verletzende Bestimmung« aufgehoben hatte[16] – die Bürgerinnen waren hier mitgemeint – immer wieder zu gesetzeswidrigen Vorgehen der Polizei. Ein Beispiel war ihr Auftritt auf einer Versammlung des »Bremer Mäßigkeitsvereins«, den die Sozial- und Frauenpolitikerin Ottilie Hoffmann (1835–1925) 1891 wegen der verheerenden Folgen des Alkoholmissbrauchs gegründet hatte. »Eine heitere Episode« berichtete ihre Biografin Mathilde Planck. Auf einer Versammlung des Vereins sollte das Thema: Sind die Mäßigkeitsbestrebungen der Frauen eine patriotische Pflicht? behandelt werden. »Die Polizei erklärte die Versammlung für politisch. Ottilie durfte sie nicht leiten ... Man gestattete ihr wie allen anderen Frauen nur die Teilnahme als Zuhörer auf der Galerie. Nun bot sich der überaus komische Anblick, daß der Redner unten in fast leerem Saale sprach, während die Frauen dicht gedrängt oben auf der Galerie saßen«.[17] Offenbar war Ottilie Hoffmann die bremische Rechtslage nicht bekannt; jedenfalls ist von einem Protest der Veranstalterin nichts zu finden. Dagegen erwies sich der Leiter einer Tischlerversammlung als informiert. Nach dem Bericht des wachhabenden Polizisten war die »Versammlung«, die 1890 stattfand, »von etwa 150 Personen besucht. Da sich darunter auch etwa ein Dutzend Frauenzimmer befanden, so wurde Vorsitzender von mir darauf aufmerksam gemacht ..., daß dieselben zu entfernen seien«, worauf der Angesprochene – Phillip Hoppe – die Frauen zwar aufforderte, »das Versammlungslokal zu verlassen«, aber noch am selben Tag eine Beschwerde an die »wohllöbliche Polizeidirektion« richtete. Darin schrieb er, »daß man es hier mit einem Falle persönlicher Willkür zu thun« habe, denn – so Hoppe – »soweit ich das Vereinsgesetz kenne, ist keine Passage darin enthalten, daß Damen, welche als Zuhörer in einer Versammlung sind, das Lokal zu verbieten ist«. Die »Polizeidirektion« beharrte in ihrer Antwort aber darauf, »daß von einer persönlichen Willkür des überwachenden Polizeibeamten nicht die Rede sein« könne, ohne eine Begründung dieser eindeutig falschen Ansicht zu geben.[18]

Wo das Vereinsgesetz aber noch galt, waren besonders Arbeiterinnen und Sozialdemokratinnen betroffen. Das war vor allem in Preußen der Fall. Da Bildungsvereine relativ unbehelligt arbeiten konnten, tarnten Arbeiterinnen ihre Veranstaltungen mit entsprechenden Themen. Wie die Sozialdemokratin Marie Juchacz (1879–1956) in ihrer Autobiografie schrieb, luden sie Redner ein, die es verstanden, »Versammlungsthemen mit einem kulturellen Aspekt auszustatten, wobei es dann von der Geschicklichkeit der Redner abhänge, den zuhörenden Frauen doch das zu vermitteln, was notwendig sei. Man bekäme Übung darin, auch in der Gegenwart des überwachenden Beamten vieles zu sagen, was der Gesetzgeber eigentlich verhindern wolle«. Auch wären »die einzelnen Polizeibeamten ... dumm und schläfrig und verstünden nichts von der Sache«.[19] Trotzdem wurde – so Ottilie Baader (1847–1925), ebenso eine der führenden Sozialdemokratinnen – »der große Frauen- und Mädchenbildungsverein für Berlin sowie seine Filialen ... durch Gerichtsurteil vom 20. März 1895 geschlossen.[20] Genossinnen erschienen als Angeklagte vor dem Schöffengericht ... 30 Polizeibeamte waren als Belastungszeugen geladen«.[21]

Noch schlimmer erging es der Abolitionistin Gertrud Guillaume-Schack, die gegen die Diskriminierung und Rechtlosigkeit der Prostituierten kämpfte. Obwohl sie eine Adelige war, wurde sie bei einem Vortrag in Darmstadt »über unsere sittlichen Verhältnisse« schon nach einer Viertelstunde »wegen groben Unfugs« vom anwesenden Polizisten vom Redepult geholt. Nach einem Referat zum selben Thema in Berlin warf man ihr »Unsittlichkeit, Erregung öffentlichen Ärgernisses und sozialdemokratisches Sympathisantentum« vor[21] und verurteilte sie, Deutschland innerhalb von 24 Stunden zu verlassen. Sie ging nach England, wo sie 1903 in London starb.

Die Sozialdemokratinnen bildeten statt Vereinen sogenannte »Agitationskommissionen«, die jeweils aus sieben Mitgliedern bestanden und Versammlungen organisieren sollten. Als die Kommissionen 1895 – wieder per Gerichtsbeschluss – »als politische Vereine erklärt und … ihnen jede weitere Beschäftigung mit Politik untersagt (wurde)«[22], übernahmen die Genossinnen von der SPD das System der »Vertrauenspersonen«, und damit waren sie relativ erfolgreich, denn – wie Ottilie Baader sagte – »Einzelpersonen konnten … nicht aufgelöst noch verboten werden«.[23]

Im Jahre 1902 gab es einen fragwürdigen Erfolg: die Einführung des »Segments«. Durften Frauen bis dahin an Sitzungen und Versammlungen von Vereinen auch schweigend nicht teilnehmen, selbst wenn es um sie betreffende Themen ging, erklärte sich der preußische Innenminister schließlich »gnädigst bereit, Frauen das Recht des Zuhörens zu gewähren, vorausgesetzt, daß sie«, wie der sozialdemokratische Vorsitzende

Gertrud Guillaume, geb. Gräfin Schack (1845–1903),
Foto um 1880

August Bebel (1840–1913) ironisch bemerkte, »ähnlich wie die jüdischen Frauen in der Synagoge, in einem besonderen Abteil des Saales Platz« nahmen[24], eben dem »Segment«, das mit einem schwarz-weiß gewundenen Seil, in den preußischen »National«-Farben, abgetrennt war.

Und so blieb Frauen, die politische Forderungen vertreten wollten, als legales, wenn auch mehrfach eingeschränktes Grundrecht nur das der Petition, und davon haben sie ständigen und intensiven Gebrauch gemacht.

Erste Waffe der Frauen: das Petitionsrecht

Die Petition Berliner Lehrerinnen, mit der sie sich 1888 beim preußischen Abgeordnetenhaus und Unterrichtsministerium für eine wissenschaftliche Ausbildung von Schülerinnen und Lehrerinnen einsetzten, ist schon im ersten Kapitel zur Sprache gekommen (vgl. S. 28). Die Petition kam – zusammen mit 84 Unterschriftenlisten – zweimal auf die Tagesordnung des Abgeordnetenhauses, was schon ein Erfolg war. Aber beide Male wurde sie »auf Druck der Regierung hin wieder abgesetzt« und nach fünf Monaten »den Petentinnen als ›erledigt‹« zurückgeschickt, mit dem »üblichen Vermerk, daß sie wegen Schluß der Session nicht mehr ›zur Beratung und Beschlußfassung‹ … habe kommen können … Von der Regierung traf erst nach Jahresfrist etwa eine Antwort ein«. Darin wies das Unterrichtsministerium die Forderung einer Erziehung der Frau zu einer »sittlich und geistig selbständige(n) Persönlichkeit« »unter scharfer Zurückweisung« ab.[25]

Mit dem Kampf gegen das patriarchale Familienrecht taten die Frauen es sich zunächst schwer. Einmal war die Mehrheit lange davon überzeugt, dass Ehe und Familie in den privaten, auch kirchlichen Bereich gehören; dann gab es, »abgesehen von der ›hohen Politik‹, wohl kaum ein Gebiet, das den Frauen so fremd war und auf den man ihnen den Zutritt – ja schon den Einblick – so heftig verwehrte, wie das der Jurisprudenz«.[26] So fand die Broschüre eines Richters, der schon 1869 »die Ungerechtigkeiten und Härten der ... civilrechtlichen Bestimmung in Bezug auf die Frauen« dargelegt hatte, »wenig Beachtung«.[27] Erst als die unterschiedlichen Familienrechte Ende des 19. Jahrhunderts reformiert und vereinheitlicht werden sollten, wurden die Frauen aktiv. Im April 1895 beschloss der Bund Deutscher Frauenvereine (BDF) eine Petition mit Forderungen zum geplanten Bürgerlichen Gesetzbuch (BGB). Gleichzeitig veröffentlichte der BDF, der im Jahr seiner Gründung (1894) aus 65 Vereinen bestand, einen »Aufruf«. Darin kritisierten die Frauen die »dauernde Bevormundung der Ehefrau und Mutter«, das Recht des Ehemannes, den Arbeitsvertrag einer Frau »ohne Einhaltung einer Kündigungsfrist zu kündigen«, die »Machtlosigkeit über ihr Vermögen« und »über ihre Kinder«, die »Schlechterstellung der unehelichen Mutter« und die geplante »Einschränkung der Scheidungsgründe«. Abschließend wendeten sie sich an »gerecht denkende Männer« und forderten sie auf, ihre »Stimme für Menschenrecht und Würde deutscher Frauen« zu erheben.[27]

Petition und »Aufruf« gingen eigentlich auf die Initiative des radikalen »Verein(s) Frauenwohl« zurück, dessen Wortführerinnen – Anita Augspurg (1857–1943), Minna Cauer (1841–1922), Lily Braun (1865–1916), Sophia Goudstikker (1865–1924) und Marie Stritt (1855–1928) sich bei der konservativeren Mehrheit der Frauen zunächst nur mit Mühe durchsetzen konnten.

Die »Hasendebatte«

Bei der ersten Lesung des Entwurfs zum BGB im Februar 1896 gab es so viele Einwände der Abgeordneten, dass er überarbeitet werden musste. »Die Liberalen wünschten Änderungen bei der Ehescheidung, die Sozialdemokraten forderten die völlige Gleichstellung von Mann und Frau«. Sogar ein Mitglied der Konservativen, der Freiherr von Stumm, vertrat die für seine Partei kühne These: »Die Ehe wird um so normaler sein, je mehr die Frau bei der Eheschließung gleichberechtigt mit dem Manne ist«.[28]

Die zweite Lesung wurde von landesweiten Versammlungen und Protesten begleitet. Anita Augspurg, die erste promovierte Juristin Deutschlands, »machte im Juni … eine Tournee durch mehrere Städte« und »sprach in überfüllten Sälen vor Tausenden von Frauen und manchmal Hunderten von Männern. Insgesamt hatten einige Hunderttausende Briefe an einzelne Abgeordnete, Eingaben, Petitionen unterschrieben«.[29]

Führerinnen des Vereins »Frauenwohl«: (v.l.n.r.)
Anita Augspurg (1857–1943), Marie Stritt (1855–1922),
Lily von Gizycki, verh. Braun (1865–1916), Minna Cauer (1841–1922),
Sophia Goudstikker (1865–1924);
Foto ca. 1894, Hofatelier Elvira, München

Anita Augspurg und Minna Cauer verfolgten die 3. Lesung auf der Galerie, wo Frauen seit den Tagungen des ersten deutschen Parlaments 1848/49 in Frankfurt am Main die Debatten der Männer unten im Saal verfolgen konnten. Die beiden hatten Broschüren mit dem Titel »Frauenlandsturm«[30] mitgebracht; darin waren die Forderungen des BDF bzw. des »Verein(s) Frauenwohl« noch einmal zusammengefasst. »Mit Vergnügen sahen« Augspurg und Cauer, »dass die Saaldiener sie tatsächlich vor Beginn der Sitzung verteilten; die gelbe

Farbe« der Hefte »war von Weitem gut zu erkennen. Wütend zerriss ein Zentrumsabgeordneter sein Exemplar, ein anderer nahm die Fetzen auf und begann darin zu lesen.«[31]

Aber bevor die Forderungen der Frauen beraten wurden, ging es in »eine(r) heftige(n) Debatte« »um die Frage des Schadenersatzes bei Wildschäden. Da kam Leben ins Haus! ... Es wurde wild gestritten. Den Sozialdemokraten warfen die Herrenjäger vor, sie seien ja nicht einmal in der Lage, Hasen von Kaninchen zu unterscheiden, vom Ministertisch scholl es mit Pathos: ›Meine Herren, wir pflanzen Orchideen, und die Hasen fressen diese Orchideen ab – meine Herren, was sagen Sie dazu?‹« »Als dann – am nächsten Tag – die Rechtsstellung der Frau an der Reihe war und die gesamte rechte Seite des Hauses laut schwatzte, mahnte denn auch einer der Abgeordneten, man möge den Frauen doch bitte dieselbe Aufmerksamkeit widmen wie den Hasen ... ‹«.[32]

Marie Stritt, die an der Abfassung der Petition wie des »Aufrufs« beteiligt gewesen war, schrieb später dazu: »Während ein ganzer, sehr stürmischer Verhandlungstag, der für die Beratung des Familienrechtes bestimmt war, der denkwürdigen Hasendebatte ... gewidmet wurde ..., wurde zwei Tage später das Familienrecht ... in ganz oberflächlicher Weise erledigt, wohl unter üblicher Betonung der ›idealen Standpunkte‹, der ›gottgewollten Ordnung‹, des ›Schutzes des schwachen Geschlechtes‹ – aber auch meist unter einer das gewohnte Mass übersteigenden ›Heiterkeit‹, die ... selbst in fernstehenden Kreisen Befremden, bei den beteiligten ... aber eine allgemeine Entrüstung hervorrief«.[33]

Die Versammlungen, die Reden, die Broschüren, die Petitionen und die Unterschriftenlisten hatten den Frauen nichts genützt: »Bis auf eine winzige Konzession – nämlich die Zulassung der Frauen als Vormund – bei Ehefrauen natürlich nur mit Zustimmung ihrer Männer – wurde das Familienrecht als Teil IV des Bürgerlichen Gesetzbuches gegen die Stimmen der SPD verabschiedet. Es trat 1900 in Kraft und ist in dieser Form bis 1953 im wesentlichen gültiges Recht geblieben«[34], genauer bis zur Familienrechtsreform der sozialliberalen Koalition der siebziger Jahre.

Als das BGB am 1. Januar 1900 in Kraft getreten war, fand in Berlin eine Protestveranstaltung statt, die »großartigste Kundgebung der deutschen Frauenbewegung, welche die Hauptstadt des Reiches bisher gesehen hatte«.[35] Anita Augspurg sagte in ihrer Rede, dass »mit diesem Gesetz … eine denkende Frau bürgerlichen Selbstmord (begehe), wenn sie eine Ehe schließe«[36], und Marie Stritt zog aus der unwürdigen Behandlung elementarer Frauenforderungen den Schluss, »dass Gesetze immer zugunsten der Männer ausfallen müssten, solange es allein die Männer waren, die den Frauen ihre Gesetze vorschrieben«.[37]

Damit war allen klar, dass das nächste Ziel nicht nur die Abschaffung der Vereinsgesetze, sondern vor allem die Durchsetzung des allgemeinen, gleichen und geheimen Wahlrechts für Männer u n d Frauen sein musste.

Anmerkungen

1 Die Bevölkerungsentwicklung Bremens seit 1700; Statistische Mitteilungen Heft 45, Bremen 1979, S. 17; StAB Ai–191a.
2 Petition vom 10. März 1852; StAB 2-T.2.e.9.a. (11).
3 Biebusch, Werner: Revolution und Staatsstreich, Verfassungskämpfe in Bremen 1848–1851, Bremen 1973, S. 264, Anm.2037.
4 Verfassung vom 21.3.1849, §22; Bremisches Gesetzblatt 1849, S. 39–41.
5 Vgl. Anm.3.
6 Vgl. Anm.2.
7 Vgl. Anm.2.
8 z.B. Landgemeindeordnung vom 27. Dezember 1878, §§ 12.2; 13.2 Bremisches Gesetzblatt 1878, S. 248.
9 Zit. Gerhard, Ute: Verhältnisse und Verhinderungen. Frauenarbeit, Familie und Rechte der Frauen im 19. Jahrhundert/Mit Dokumenten, Frankfurt am Main 1978, S. 448.
10 zit. Gerhard, a.a.O., S. 449, 450; Frauen-Zeitung, 1850, Nr. 51.
11 zit. Gerhard, a.a.O., S. 443; Gesetz vom 11. März 1850 über die Verhütung eines … Mißbrauchs des Versammlungs- und Vereinsrechts, §§8,16.
12 a.a.O., S. 445.
13 Vereinsgesetz vom 19. April 1908, §§1,5,7,17, Reichsgesetzblatt 1908, S. 151–157.

14 Stritt, Marie: Rechtskämpfe; in: Lange, Helene/Bäumer, Gertrud (Hrsg.): Handbuch der Frauenbewegung, IV Teile; II. Teil; Berlin 1901, S. 150.

15 zit. Dertinger, Antje: Weiber und Gendarm – Vom Kampf staatsgefährdender Frauenspersonen um ihr Recht auf politische Arbeit, Köln 1981, S. 95.

16 Verhandlungen der Bremischen Bürgerschaft, 27.4.1870, S. 174.

17 Planck, Mathilde: Ottilie Hoffmann – Ein Beitrag zur Geschichte der deutschen Frauenbewegung, Bremen 1930, S. 181.

18 StAB 4,14/1-XII.A.1.a.

19 zit. Dertinger, a.a.O., S. 92f; Juchacz, Marie: Leben und Werk, Bonn 1979.

20 zit. Dertinger, a.a.O., S. 94f; Baader, Ottilie: Ein steiniger Weg, Stuttgart und Berlin 1921.

21 zit. Schmitter, Romina: Prostitution – das älteste Gewerbe der Welt?, Oldenburg 2007, 2. Auflg., S. 77.

22 zit. Dertinger, a.a.O., S. 134f (Baader, Ottilie: Ein steiniger Weg, Stuttgart und Berlin 1921).

23 Ihrer, Emma: Die Arbeiterinnen im Klassenkampf, Hamburg 1898; zit. Dertinger, a.a.O., S. 117.

24 Bebel, August: Die Frau und der Sozialismus (1879), Bonn 1977, S. 338.

25 Lange, Helene: Kampfzeiten – Aufsätze und Reden aus vier Jahrzehnten, Bd.1, Berlin 1928, S. 58.

26 Twellmann, Margrit: Die Deutsche Frauenbewegung – Ihre Anfänge und erste Entwicklung, Meisenheim am Glan 1972, S. 194.

27 Vgl. Anm. 14; Stritt, a.a.O., S. 134f.

28 Zit. Dünnebier/Scheu, Ursula: Die Rebellion ist eine Frau – Anita Augspurg und Lida G. Heymann, das schillerndste Paar der Frauenbewegung, München 2002, S. 47.

29 Dünnebier/Scheu, a.a.O., S. 49f.

30 Spöttische Analogiebildung zum Begriff »Landsturm« aus dem preußischen Militär; die Frauen, die für ein gerechtes Familienrecht eintraten, machten die verbale Verspottung zu ihrem Kampfbegriff.

31 Vgl. Anm.28, a.a.O., S. 50.

32 ebd.

33 Vgl. Anm.14, a.a.O., S. 145.

34 Gerhard, Ute: Unerhört – Die Geschichte der deutschen Frauenbewegung, Hamburg 1990, S. 233.

35 Vgl. Anm.28, a.a.O., S. 51.

36 Vgl. Anm.28, a.a.O., S. 52.

37 Vgl. Anm.28, a.a.O., S. 51f.

»Ihr Frauen! Erhebt euch und fordert das Stimmrecht!« – Der Kampf um das allgemeine Wahlrecht

Hedwig Dohm (1831–1919)[1] war nicht die erste, die das Wahlrecht für Frauen forderte; vor ihr hatte schon Louise Otto (1819–1895) die gleiche Forderung erhoben und Theodor G. von Hippel (1741–1796) sein Buch »Über die bürgerliche Verbesserung der Weiber« vorgelegt, allerdings wegen der Brisanz des Themas anonym.

Auch Louise Otto brauchte »sehr viel Mut«, als sie 1843 an die »Sächsischen Vaterlandsblätter« schrieb, dass die »Theilnahme der Frauen an den Interessen des Staates … eine Pflicht« sei; denn sie hatte damit gewagt, das »öffentlich auszusprechen, was« sie »kaum in vertrauten Kreisen … sagen« mochte: »Was werden die Männer zu diesen Worten sagen? Wie werden die Spießbürger unter ihnen dich verhöhnen? … Wie wird man über die Anmaßung lachen, daß ein Mädchen in eine politische Zeitschrift sich drängt?«.[2]

Hedwig Dohm brauchte noch größeren Mut als die Schriftstellerin aus Meißen und der Jurist aus Königsberg, denn sie schrieb ihr bahnbrechendes Werk »Der Frauen Natur und Recht« – anders als von Hippel und Louise Otto – nicht während der Französischen Revolution 1789 bzw. der deutschen 1848 – sondern 1876, d.h. im ersten Jahrzehnt des fast

Theodor G. von Hippel (1741 – 1769),
Radierung von Daniel Chodowicki, Titelseite seines 1792 anonym erschienenen Buchs
»Über die Bürgerliche Verbesserung der Weiber«

50-jährigen Kaiserreichs, dessen Gesellschaft – abgesehen von den als »vaterlandslose Gesellen« verrufenen Sozialdemokraten – nach dem Sieg über den »Erbfeind« Frankreich – ebenso nationalistisch wie militaristisch und patriarchalisch war. Außerdem sah Hedwig Dohm in der »Theilnahme der Frauen an den Interessen des Staates« keine »Pflicht«, sondern ein »Recht«. Entsprechend wurde sie nicht – wie Louise Otto – gebeten, sich »weiter auszusprechen«[3], sondern »mit Hohn und Spott«[4] überschüttet. Sie erhielt »Schmähbriefe. Sie und ihre Familie« wurden »beschimpft« und »bedroht«.[5]

Aber sie fand diese Reaktionen »erklärlich«. Sie begrüßte sie sogar als Zeichen dafür, dass »die Frauenfrage in der Gegenwart ... eine akute geworden« sei, denn »je dringender die Gefahr der Fraueninvasion in das Reich der Männer sich gestaltet, je geharnischter treten ihr die Bedrohten entgegen«; »(uns) kann ... nichts willkommener sein, als unsere Kräfte mit dem Gegner zu messen!«.[6]

Vorurteile

In ihrem Buch räumte sie zunächst mit den Vorurteilen über eine weibliche Beteiligung am sogenannten »allgemeinen« Männerwahlrecht auf, das mit der Gründung des Kaiserreiches 1871 in die Verfassung aufgenommen worden war.

Zur falschen Meinung, dass »die Frauen ... das Stimmrecht nicht (brauchen)«, schrieb sie: »Nein – sie brauchen es nicht ... in allen jenen Feen- und Märchenländern, an die kleine Kinder

Louise Otto (1819–1895);
im 31. Lebensjahr nach einer Fotografie

und große Männer mitunter glauben«, aber »die Geschichte der Frauen« zeige, dass »Männer … von jeher die Frauen unterdrückt (haben) … und sie werden sie unterdrücken, bis das weibliche Geschlecht teilhat an der Abfassung der Gesetze, von denen es regiert wird«. Es sei »heute wie vor Tausenden von Jahren« das »selbe … unter den asiatischen Völkern und bei den erleuchteten Nationen Europas … Gehorsam des Weibes gegen den Mann«.[7]

Dem zweiten Vorurteil, dass »die Frauen … das Stimmrecht nicht (wollen)«, stimmte sie zunächst zu. Es lasse »sich nicht leugnen, daß einer großer Theil der Frauenwelt, in Deutschland sicher die Majorität, keinen Wert auf die Erlangung politischen Einflusses legt.« »Aber«, entgegnete sie, sicher hätten »die Sklaven niemals die Zivilisation gefordert und die Orientalinnen … bis jetzt noch keine Sehnsucht nach der monogamischen Ehe an den Tag gelegt«.

Deshalb würde aber »niemand die Sklaverei und die Polygamie für verehrungswürdige Institutionen erklären« und »wer zur Knechtschaft erzogen ward wie Sklaven und Frauen, wird nur langsam den unermeßlichen Wert der Freiheit erkennen lernen«. »Wenn man die große Abhängigkeit der Frauen erwägt, so ist die stattliche Anzahl der Anhängerinnen des Stimmrechts immerhin sehr beachtenswert«. Außerdem müsse man sehen, dass die politische Gleichgültigkeit der Frauen bürgerlicher Schichten andere Ursachen habe als die der Proletarierinnen. »Diejenigen Frauen …, die sich in einer behaglichen äußeren Lage befinden … werden sich hüten, für andere die Kastanien aus dem Feuer zu holen … ›Ich habe alles, was ich brauche‹, sagt die Frau an der Seite eines liebevollen Gatten, zu dessen hervorragenden Eigenschaften ein wohlgefülltes Portmonnaie gehört‹«.[8]

Dagegen würden »die Frauen des Volkes (das Stimmrecht … nicht begehren), weil es ihnen an … Bildung fehlt und weil im allgemeinen bei den Unwissenden die Vorurteile noch stärker wirken als bei den Gebildeten … Wenn die Proletarierfrau unter den wuchtigen Schlägen des betrunkenen Gatten sich krümmt, so weiß sie nicht, daß das Gesetz die Mißhandlungen … legitimiert«.[9]

Die Meinung, dass »Frauen … nicht die Fähigkeit« hätten, »das Stimmrecht auszuüben«, ist für Dohm »einfach absurd … Jede Frau, die lesen und schreiben kann, steht an Fähigkeiten über dem Mann, der diese Kunst nicht versteht«, aber trotzdem wählen dürfe. Auch gebe es gerade in angelsächsischen Ländern Beispiele weiblicher Kompetenz, sogar Überlegenheit. So hätten »jüngst zwei englische Damen trotz der Konkurrenz zahlreicher männlicher Mitbewerber die beiden ersten juristischen Preise … davon getragen«. Der Gouverneur des US-amerikanischen Staates Wyoming, in dem 1869 das Frauenwahlrecht eingeführt worden war, habe nach vier Jahren »der Beobachtung in bezug auf das praktische Wirken … die Überzeugung vertiefen können, daß dasjenige, was wir getan haben, wohlgetan gewesen ist‹«.[10]

Schließlich geht Hedwig Dohm auf die Behauptung ein, die Wahrnehmung politischer Rechte gefährde die Weiblichkeit:

»Was heißt das, ein Weib sein? Das heißt eine andere körperliche Bildung besitzen als der Mann«. Wollte man daraus folgern, »daß verschiedene Körperbildung notwendig ein verschiedenes moralisches und geistiges Vermögen bedinge«, könne man »ebensogut den Aberglauben akzeptieren, ... alle Lahmen seien Verwandte Beelzebubs, alle Rothaarigen Verräter und alle Schwarzen Sklaven ... und in der Tat, in finsteren Zeiten des Mittelalters ... (wurden) alte Weiber ... haufenweise um rotgeränderter Augen willen als Hexen verbrannt ...

Du hast keine politischen Rechte, weil du ein Weib bist!

Du hast keine politischen Rechte, weil du ein Jude bist! Du hast keine politischen Rechte, weil du schwarz bist! ...

Was ist ein Neger? Was ist ein Jude? Was ist ein Weib?

Unterdrückte Menschen!«[11]

»Ich bin ein Mensch«, fuhr sie fort, »ich denke, fühle, ich bin Bürgerin des Staats, ich gehöre nicht zur Kaste der Verbrecher, ich lebe nicht von Almosen ... Die Gesellschaft hat keine Befugnis, mich meines natürlichen politischen Rechtes zu berauben«. Und sie rief ihren Geschlechtsgenossinnen zu: »Ihr Frauen ... Erhebt Euch und fordert das Stimmrecht!«[12]

Die deutsche Hausfrau

Hedwig Dohms Streitschrift »Der Frauen Natur und Recht« erschien 1876. Die zweite Auflage kam erst 1893 heraus. Die Angriffe, denen sie jahrelang ausgesetzt war, führten dazu, dass sie 1902 ein »Buch der Verteidigung« veröffentlichte: »Die Antifeministen«.

Dabei hatte sie schon lange vorher in ihrem »Beitrag zur Frauenfrage« – »Der Jesuitismus im Hausstande« (1873) – die deutschen Hausfrauen als Antifeministinnen par excellence ausgemacht. Obwohl sie selber Hausfrau war – sie war seit ihrem 22. Lebensjahr mit Ernst Dohm, dem Herausgeber der satirischen Zeitschrift »Kladderadatsch«[13] – verheiratet und hatte mit ihm fünf Kinder – obwohl ihr bewusst war, dass angesichts der zunehmenden industriellen Fertigung ehemals im Haus produzierter Verbrauchsgüter das »deutsche Hausfrauentum von heute ... nur ein Schatten, eine Karikatur der früheren Jahrhunderte (ist)«, verspottete sie seine Repräsentantin als »Hüterin und Erhalterin der idealen Güter der Menschheit« und steigerte sich mit ihrem Glaubensbekenntnis der Hausfrau zur sarkastischen Satire: »Ich, Madame Schulz, glaube von ganzem Herzen und mit allen meinen Kräften an mich und meine Küche, an meine Kinderstube und meinen Waschkessel, an meinen Trockenboden und meine Nähmaschine. Alles ..., was darüber ist, ist vom Übel. Ich glaube, daß, wenn der liebe Gott eine Frau hätte, sie gerade so sein müßte wie ich. Ich glaube, daß die Dienstmädchen eine nichtswürdige Rasse sind. Jede Frau aber, die meine Unfehlbarkeit anzuzweifeln wagt ... oder sich mit sogenannten Ideen befaßt, erkläre ich für eine sittenlose und verabscheuungswürdige Emanzipierte, für eine Ketzerin, die von rechts wegen gespießt und mir zu süßem Duft gebraten werden müßte. Denn ich war, ich bin und werde sein – eine deutsche Hausfrau.«[14]

Mit geringerer Schärfe, aber nicht weniger deutlich, ging sie gegen männliche Gegner des Frauenwahlrechts vor. Die erste

Hedwig Dohm (1831 – 1919); Foto, um 1863

Der

Frauen Natur und Recht.

Zur Frauenfrage

zwei Abhandlungen

über

Eigenschaften und Stimmrecht der Frauen

von

Hedwig Dohm,

Verfasserin von „Jesuitismus im Hausstande" und „wissenschaftliche Emancipation der Frau".

Berlin, 1876.

Wedekind & Schwieger.

Hedwig Dohm: Der Frauen Natur und Recht, Berlin 1876

Gruppe, die »Altgläubigen«, würden es »für ihre Pflicht erachten«, »den Gedankeninhalt vergangener Jahrhunderte für alle Ewigkeit festzuhalten ... Zum eisernen Bestand ihrer Argumentation« gehörten »der liebe Gott und die Naturgesetze«.[15]

Die zweite »Kategorie« der »Antifeministen« seien »die Herrenrechtler«. Sie »unterscheiden sich von den Altgläubigen dadurch, daß sie weniger Gewicht auf den lieben Gott ... als auf ... i h r e Rechte« legen. Sie verweigerten »dem Weib das Bürgerrecht, weil es ... nicht als Mann geboren ist ... Wenn der arme Schlucker auch von allen Männern über die Achsel angesehen wird, als Mann steht er doch ... über den Frauen. Da spielt er die erste Geige, die eigentlich eine Pfeife ist, nach der das Weib zu tanzen hat« ... »Ich weiß ein Lied aus dem Büchelchen ›Kinderwelt‹«, fuhr sie fort; sie habe es »unlängst in den Händen meiner kleinen Enkelin gefunden, mit dem Titel ›Jungen und Mädchen‹:

Müller, Müller, mahl er!
Die Jungen kosten 'nen Taler
Die Mädchen kosten 'nen Taubendreck,
Die schupft man mit den Beinen weg.

Müller, Müller, mahl er!
Die Mädchen kriegen 'nen Taler,
Die Jungen kriegen 'nen Reiterpferd,
Das ist wohl tausend Taler Wert.

Der Herrenrechtler lacht. Ich nicht.«[16]

»Der praktische Egoist« dagegen betrachte »die Frauenemanzipation vom Standpunkt der ... Nachteile, die ihm daraus erwachsen können. Er ... fürchtet von ihr die Konkurrenz beim Broterwerb« und »sieht ... in der Erwerbsfrau die Zerstörerin seiner häuslichen Behaglichkeit«.[17]

Die vierte bzw. fünfte und letzte Gruppe der GegnerInnen politischer Frauenrechte seien »die Ritter der mater dolorosa«, nach katholischer Version der »schmerzensreichen Mutter« des am Kreuz gestorbenen Gottessohnes. Sie »gebärden sich teils als Schutzengel, die ihre Götterhände über das gequälte Weib halten, teils als Cerberusse,[18] die der Unberufenen, die sich in ihr Gehöft wagt, gefährlich die Zähne zeigen«.[19]

Die Bürgerliche Frauenbewegung

Die Frauenvereine, die sich trotz ständiger Gefahr, verboten zu werden, behaupten konnten – die Vereinsgesetze wurden ja erst 1908 aufgehoben – reagierten unterschiedlich. Die Frauen der bürgerlichen Bildungs- und Erwerbsvereine erkannten einerseits an, »daß es Hedwig Dohm gelungen ist, unsere eigenen Ansichten ... ganz bedeutend zu erschüttern«. Sie habe »uns überzeugt ..., nur indem den Frauen das Mittel wird, an der Gesetzgebung teilzunehmen, können sie hoffen, alle jene Gesetze, welche auf Unterdrückung der Frauen abzielen, abgeschafft zu sehen«.[20] Andererseits hielten »viele der besten und erfahrensten Freunde der Frauensache ... die

Zeit zur praktischen Aufnahme des Kampfes für das Frauenstimmrecht noch nicht gekommen ... Politische Rechte sind noch so neu, so wenig geschätzt ... in der neueren Geschichte Deutschlands, daß sie schon jetzt für die Frauen zu fordern, wahrscheinlich nur dem Erfolge anderer Bestrebungen für die bessere Stellung derselben schaden würden.«[21]

»Die guten deutschen Frauen«, spottete Hedwig Dohm; sie »placken sich damit ab, einige Verbesserungen an Mädchenschulen vorzuschlagen, kleine niedliche Fortbildungsanstalten zu errichten ... Unsere bescheidenen Frauen schmachten nach einer kleinen Anstellung am Post und Telegraphenamt«.[22] Und die damalige »Frauenbewegung« war für sie »eine Menschenklasse ..., die um ihre Existenz wie um ein Almosen bettelt! – Wahrhaftig, ein stolzerer Sinn empört sich gegen dieses Übermaß an Bescheidenheit«.[23]

Die erste Organisation, der sie beitrat, war der »Verein Frauenwohl«. Er wurde 1888 in Berlin von der Lehrerin Minna Cauer (1841–1922) gegründet und trat zunächst mit so harmlos klingenden Zielen auf wie »Anregung ..., Aufklärung ... und Harmonie ... auf einem so schwerwiegenden Gebiet, wie das Frauenleben ... in der Gegenwart darstellt«, entwickelte sich aber bald, wie seine Gründerin später schrieb, zu einem »Kampfverein«.[24] So ging »die erste öffentliche Volksversammlung« Ende 1894 in Berlin, die ein politisch so gefährliches Thema wie »Die Bürgerpflicht der Frau« behandelte, auf die Initiative des Vereins zurück. Die Reaktionen auf die Versammlung, die in einem Konzerthaussaal

Minna Cauer (1841–1922)

stattfand, waren ambivalent. Die Presse verspottete oder verschwieg das Ereignis; andererseits gab es deutliche Sympathie, und die Frauen im überfüllten Saal zeigten stürmischen Beifall, während mehrere Vereinsmitglieder austraten, weil ihnen der Vortrag von Lily von Gizycki (1865–1916) zu gefährlich erschien.

Lily Braun, geb. von Kretschmann,
verw. von Gizycki (1865–1916)

Die Rednerin, die zum Vereinsvorstand gehörte, hatte »eine mitreißende Zusammenfassung aller Argumente für das Stimmrecht der Frauen« geboten und sich dabei sowohl auf »die Geschichte der Menschen- und Frauenrechte« bezogen als auch »die Entwicklung und ... Erfolge der amerikanischen und englischen Frauenbewegung« geschildert.[25]

Emblem des Deutschen Verbandes für Frauenstimmrecht (1.10.1904)

Das war tatsächlich »gefährlich« – das preußische Vereinsgesetz gehörte zu den repressivsten – und es fragt sich, warum die Polizei, die jede Frauenversammlung zu überwachen hatte, nicht schon während der Rede Lily von Gizycki eingriff.

Jedenfalls kann seit der Berliner Veranstaltung von einer »Radikalen bürgerlichen Frauenbewegung« gesprochen werden.

Trotz des erfolgreichen Auftritts in Berlin mussten die »Radikalen« bei weiteren Vereinsgründungen taktisch agieren. Der »Verband fortschrittlicher Frauenvereine« von 1899, dem sich auch der »Verein Frauenwohl« anschloss, tarnte seine eigentlichen Themen – Prostitution, Zusammenarbeit mit Proletarierinnen und vor allem das Frauenwahlrecht – noch mit dem relativ unverfänglichen Vereinsziel »Umgestaltung der Mädchenschulbildung«. Beim ersten Verein, der das Frauenwahlrecht zu seinem ausschließlichen Programm erhob – dem 1902 gegründeten »Deutschen Verein für Frauenstimmrecht« – nutzten die Frauen die Unterschiedlichkeit der vereinsrechtlichen Bestimmungen in den Bundesstaaten. Die »Radikale« Lida Gustava Heymann (1868–1943) erzählte in ihrer Autobiografie, die sie gemeinsam mit der Juristin Anita Augspurg (1857–1943) verfasst hatte, wie ihre politische Freundin »hoch oben auf einem Berliner Bus sitzend, einen … Einfall gehabt, sozusagen wieder mal ein Kolumbus-Ei entdeckt hätte … : ›Dürfen die Frauen in … Staaten wie Preußen und Bayern keine politischen Vereine gründen, so verlegen wir den Sitz eines deutschen Vereins

Anita Augspurg (1857–1943) und
Lida Gustava Heymann (1868–1943)

für Frauenstimmrecht in einen der 16 Bundesstaaten, deren Verfassung ... derartige vorsintflutliche Bestimmungen nicht kennt‹«[26], und das war u.a. Heymanns Geburtsstadt Hamburg. Das hatte außerdem den Vorteil, dass damit »die Frauen aller, auch der rückständigsten deutschen Bundesstaaten ... die Mitgliedschaft in dem Verein erwerben (können)«, denn »dagegen besteht kein Verbot«.[27] Mit dieser gesamtdeutschen Gründung hatten die Stimmrechtlerinnen auch das Recht, an internationalen Frauenkongressen teilzunehmen, eine Möglichkeit, die sie erstmals 1904 in Berlin wahrnahmen, wo Vertreterinnen aus 24 Ländern angereist waren.

Vor den Reichstagswahlen 1907 kam den »Radikalen« eine weitere Idee: Sie erschienen in den Wahlämtern und verlangten Wahlscheine. Ihre Begründung war der Artikel 20 der Verfassung, nach dem »der Reichstag … aus allgemeinen und direkten Wahlen mit geheimer Abstimmung hervor(geht)«. Die Verfasser des Artikels hatten Frauen natürlich nicht mitgemeint; aber sie hatten das nicht formuliert.

»Behörden und Gerichte«, die mit der Sache befasst wurden, »kamen ins Schwitzen, denn nach dem Wortlaut des Gesetzes waren die Frauen im Recht.«[28]

Waren 1907 noch wenig Frauen dem Aufruf des Stimmrechtsvereins gefolgt, dann strömten sie 1912, bei der nächsten Reichstagswahl, in München die Wahlbüros. »Einige Wahlleiter benahmen sich, als sähen sie ein Gespenst, wenn ihnen in den geheiligten Räumen eine Frau entgegentrat … Den Verblüfften hielten die potenziellen Wählerinnen eine vorgedruckte Erklärung hin: ›Ich protestiere gegen meinen Ausschluß von der Reichstagswahl, da ich als deutsche Staatsangehörige über 25 Jahre auf Grund der bestehenden Verfassung wahlberechtigt bin‹. Darunter die bekannte Begründung, mit der sich schon 1907 die Gerichte schwer getan hatten«.[29]

Aber die Öffentlichkeit begegnete den Wahlrechtsforderungen mit zunehmender Sympathie. Das war noch mehr der Fall, als die Frauen »mit etwa 20 Wagen, mit bunten Herbstgirlanden festlich geschmückt, mit Tafeln in den Vereinsfarben (grün-weiß-lila) und der Aufschrift ›Frauenstimmrecht‹ … zwei Stunden lang durch die belebtesten Teile Münchens« fuhren. »Die erste Propagandafahrt durch eine deutsche Großstadt«.[30]

»Es gab viele Schaulustige, viele verdutzte und verständnislose Gesichter, aber auch fröhliches Tücherschwenken, freundliche Heil- und Hurrarufe. Was es nicht gab? Weder Ungezogenheiten noch irgendwelche Anrempelungen oder Grobheiten – denn das Schlimmste, der erheiternde Zuruf ›Aha! keinen Mann gekriegt‹, wurde mit stürmischem Gelächter quittiert … Sogar das Berliner Tageblatt bemerkte von fern: ›Die Wagenfahrt der Frauenstimmrechtlerinnen gestaltete sich zu einer wirkungsvollen Demonstration. Die Münchner Bevölkerung … erhob keinen Protest. Mancher alte Bierphilister erstarrte wie Lots Frau fast zur Salzsäule. Die meisten Männer lächelten teils spöttisch, teils belustigt, einige auch freundlich. Einige alte Herren, unter ihnen ein bayrischer Reichsrat, begrüßten den Zug mit höflicher Anerkennung.‹«[31]

Kaiser, Papst und »Der Deutsche Bund gegen die Frauenemanzipation«

Angesichts dieser Erfolge, zu denen auch noch der gleichzeitig stattfindende Frauenstimmrechtskongress hinzukam, sah man sich staatlicher- und kirchlicherseits genötigt, Machtworte

Führerinnen der Bürgerlichen Frauenbewegung,
Illustration aus Die Gartenlaube, 1894
L. Otto-Peters ist in der oberen Reihe die erste von links

zu sprechen. Der Kaiser – Wilhelm II – hatte schon 1910 seinen »Untertaninnen« zugerufen, dass »die Hauptaufgabe der deutschen Frau nicht auf dem Gebiete des Versammlungs- und Vereinswesens liegt, nicht in dem Erreichen von vermeintlichen Rechten, in denen sie es den Männern gleichtun können, sondern in der stillen Arbeit im Haus und in der Familie«[32] und der Papst »warnte« von Rom aus »die Damen vor den Gefahren der Frauenbewegung und Emanzipation. Frauen, die an der Gesetzgebung teilnehmen wollten, hätten ihren Beruf verfehlt«.[33]

Zu allem Überfluss trat im Juni 1912 auch noch der »Deutsche Bund gegen die Frauenemanzipation« auf den Plan, in dem die Männer und auch Frauen vereint waren, die Hedwig Dohm schon in den siebziger Jahren des 19. Jahrhunderts als »AntifeministInnen« verspottet hatte. Die Mitglieder des Bundes sahen sich »vom Gewissen durchdrungen«, dass »nur durch … Kampf … unser geliebtes deutsches Volk vor schwerer Schädigung bewahrt werden kann«.[34]

Unter »schwerer Schädigung« wurde wohl auch die Tatsache verstanden, dass sich die »Radikalen« der Bürgerlichen Frauenbewegung inzwischen mit den Sozialistinnen zusammentaten, die seit der Aufhebung der Vereinsgesetze 1908 keine Verbote mehr fürchten mussten und die langjährige Unterstützung durch die Sozialdemokratie[35] hatten; allerdings waren sie – wie die Partei – auch nach der Aufhebung der Sozialistengesetze (1878–1890) »gegen die gemeingefährlichen Bestrebungen der Sozialdemokratie« – gesellschaftlicher Diskriminierung ausgesetzt.

»Ich sterbe als Republikanerin«

Gegen Ende des Ersten Weltkrieges wurde die Zusammenarbeit der Sozialistinnen und der gemäßigten wie radikalen Richtung der Bürgerlichen Frauenbewegung noch entschiedener: Im Dezember 1917 legten sie dem preußischen Landtag eine gemeinsame »Erklärung zur Wahlrechtsfrage« vor; am 25. Oktober 1918, also kurz vor Kriegsende, wandten sich 58 Frauenvereine mit einem Schreiben an den Reichskanzler Max von Baden und forderten ein Gespräch mit dem Ziel, »die volle Demokratisierung des öffentlichen Lebens zur Durchführung zu bringen« und »allen Bevölkerungsklassen politische Freiheit und Selbstbestimmung zu sichern«.[36]

Aber zu dem Gespräch kam es – vor dem Hintergrund der revolutionären Ereignisse und der Abdankung des Kaisers – nicht mehr. Dagegen wurden die Frauen vom Rat der Volksbeauftragten, der vorübergehend den Reichstag ersetzte, gehört. Am 12. November 1918 erließ der Rat einen Aufruf mit der eindeutigen Anerkennung ihrer seit der Revolution von 1848 erhobenen Forderungen: »Alle Wahlen zu öffentlichen Körperschaften sind fortan nach dem gleichen, geheimen, direkten, allgemeinen Wahlrecht … für alle mindestens 20 Jahre alten männlichen und weiblichen Personen zu vollziehen«.[37]

Minna Cauer, die seit ihrer Gründung des »Vereins Frauenwohl« im Jahre 1888 für dieses Ziel gekämpft hatte, schrieb in ihr Tagebuch: »Abdankung des Kaisers, Ausbruch der Revolution. Meine Wohnung fast erstürmt von Menschen – ich bleibe zu Hause. Ich bin freudig erschüttert, habe nur die Hände

Wahl zur verfassungsgebenden Nationalversammlung 19.1.1919

am Abend gefaltet und die Tränen sind mir über die Wangen gelaufen. Traum meiner Jugend, Erfüllung im Alter! Ich sterbe als Republikanerin ...«[38]

Am 19. Januar 1919 gaben 82,3 Prozent der wahlberechtigten Frauen ihre Stimme zur verfassungsgebenden Nationalversammlung ab. Das war – in absoluten Zahlen – rund zwei Millionen mehr als die Stimmen der Männer.[39]

Anmerkungen

1 Das Geburtsjahr Hedwig Dohms war nicht, wie allgemein angenommen, 1833, sondern 1831. Rohner, Isabel: Spuren ins Jetzt – Hedwig Dohm – eine Biografie, Sulzbach/Taunus 2010, S. 10.

2 zit. Twellmann, Margrit: Die Deutsche Frauenbewegung – Ihre Anfänge und erste Entwicklung, Quellen 1843–1889, Meisenheim am Glan 1972, S. 2 (Louise Otto: Die Teilnahme der weiblichen Welt am Staatsleben; in: Vorwärts! Volkstaschenbuch für das Jahr 1847).

3 ebd.

4 Dohm, Hedwig: Die Antifeministen. Ein Buch der Verteidigung, Berlin 1902, S. 2.

5 Rohner, a.a.O., S. 50.

6 Dohm, a.a.O., S. 3.

7 Dohm, Hedwig: Der Frauen Natur und Recht, Berlin 1876, S. 71.

8 a.a.O., S. 110, 113.

9 a.a.O., S. 115f.

10 a.a.O., S. 118f.

11 a.a.O., S. 122, 123, 124.

12 a.a.O., S. 160, 182.

13 ugs.: Zusammenbruch, Umsturz, universales Chaos.

14 Dohm, Hedwig: Der Jesuitismus im Hausstande. Ein Beitrag zur Frauenfrage, Berlin 1873, S. 93.

15 Dohm, Die Antifeministen, S. 5.

16 a.a.O., S. 8f.

17 a.a.O., S. 10.
18 Zerberus: nach der griechischen Mythologie der Hund, der den Eingang zur Unterwelt bewacht; scherzhaft: grimmiger Wächter, Höllenhund.
19 a.a.O., S. 11.
20 zit. Twellmann, a.a.O. S. 556 (Elise Mirus, Hamburg, Über Hedwig Dohm: Der Frauen Natur und Recht, Berlin 1876. In: »Neue Bahnen«, Zeitung des Allgemeindeutschen Frauenvereins (ADF), 11.Jg. 1876, Nr. 9).
21 a.a.O., S. 561 (Charlotte Pape. In: »Neue Bahnen«, a.a.O., Nr.15).
22 Dohm, Der Jesuitismus, a.a.O., S. 230.
23 Dohm, Hedwig: Was die Pastoren denken, Berlin 1872, S. 49.
24 zit. Gerhard, Ute: Unerhört – Die Geschichte der deutschen Frauenbewegung, Hamburg 1990, S. 164 (Minna Cauer: 25 Jahre Verein Frauenwohl, Berlin 1913).
25 a.a.O., S. 221.
26 Twellmann,Margrit (Hrsg.): Erlebtes – Erschautes – Deutsche Frauen kämpfen für Freiheit, Recht und Frieden 1850–1940 (Lida Gustava Heymann/Dr. jur. Anita Augspurg) Meisenheim am Glan 1872, S. 97f).
27 a.a.O., S. 98.
28 Dünnebier, Anna/Scheu, Ursula: Die Rebellion ist eine Frau – Anita Augspurg und Lida G. Heymann, München 2002, S. 180.
29 a.a.O., S. 203.
30 a.a.O., S. 204.

31 a.a.O., S. 206.

32 ebd.

33 ebd.

34 zit. a.a.O., S. 207.

35 Bebel, August: Die Frau und der Sozialismus 1879, Lily Braun: Die Frauenfrage – ihre geschichtliche Entwicklung und ihre wirtschaftliche Seite, 1901; Zetkin, Clara: Rede zur Frauenfrage auf dem Internationalen Arbeiterkongress 1889 in Paris. Erfurter Programm der SPD 1891: »Allgemeines, gleiches, direktes Wahl- und Stimmrecht mit geheimer Stimmabgabe aller über 20 Jahre alten Reichsangehörigen ohne Unterschied des Geschlechts für alle Wahlen und Abstimmungen« Anträge der SPD im Reichstag zum Wahlrecht für beide Geschlechter: 5.12.1895, 22.3.1917, Juli 1918 (jeweils »Heiterkeit« bei den Abgeordneten und Ablehnung).

36 Notz, Gisela: Der Kampf um das Frauenwahlrecht in Deutschland; in: Mit Macht zur Wahl – 100 Jahre Frauenwahlrecht in Europa, Bonn 2006 (Katalog zur gleichnamigen Ausstellung im Frauenmuseum Bonn (2006–2007), S. 94–107; S. 103.

37 ebd.

38 zit. Gerhard, a.a.O., S. 323 (Else Lüders: Minna Cauer. Leben und Werk, Gotha 1925).

39 vgl. Notz, ebd.

»Es war die Sternstunde meines Lebens!« Elisabeth Selbert und der Artikel 3,2 des Bonner Grundgesetzes

Als die Arbeiterin Marie Juchacz am 19. Februar 1919 ans Rednerpult der Weimarer Nationalversammlung trat, war sie die erste Frau, die vor einer deutschen Volksvertretung eine Rede hielt. Die Abgeordneten hatten sich am Bahnhof, der – vom Militär besetzt – einem »Heerlager« glich, ausweisen müssen; vor dem Eintritt ins Nationaltheater wurden sie von Polizisten kontrolliert. Darüberhinaus waren »oben auf der Galerie« und »im Publikum Geheimpolizisten« verteilt[1].

Die ersten parlamentarischen Rednerinnen

Marie Juchacz war 40 Jahre alt und eine lebens- und politisch erfahrene Frau. Durch ihre Ansprachen auf zahlreichen Massenveranstaltungen war sie psychologisch und rhetorisch geschult und wusste sich auch stimmlich durchzusetzen, obwohl es damals Mikrofone noch nicht gab. Trotzdem war es für sie schwierig, sich vor den 394 Männern und 37 Frauen – 20 davon wie sie Sozialdemokratinnen – Gehör zu verschaffen. Der Versammlungsleiter hatte zwar bei der Eröffnungssitzung am 6. Februar »besonders herzlich ... die Frauen«

begrüßt, »die zum erstenmal gleichberechtigt im Reichsparlament erscheinen«[2]; auch gab es weder das Gelächter noch die Lachsalven, die im frauenfreien Reichstag der Kaiserzeit üblich waren, vor allem, wenn der Vorsitzende der SPD-Fraktion August Bebel seine Anträge zum Frauenwahlrecht stellte, trotzdem musste der Präsident »während der ersten Frauenrede … wiederholt mit der Glocke für Ruhe sorgen, weil ›die Unterhaltung hinter dem Präsidialtische mit einer derartigen Lebhaftigkeit geführt‹« wurde[3], dass die Rednerin sich immer wieder unterbrechen musste.

»Meine Herren und Damen«, begann sie mit bewusster Verkehrung der traditionellen Anredeform – das Protokoll notierte »Heiterkeit« – »Es ist das erste Mal, daß in Deutschland die Frau als freie und gleiche im Parlament zum Volk sprechen darf, und ich möchte hier feststellen, daß es die Revolution gewesen ist, die auch in Deutschland die Vorurteile überwunden hat … Ich möchte hier feststellen …, daß wir deutschen Frauen dieser Regierung nicht etwa Dank schuldig sind. Was diese Regierung getan hat, das war eine Selbstverständlichkeit; sie hat den Frauen gegeben, was ihnen bis dahin vorenthalten worden ist … Unsere Pflicht aber ist es, hier auszusprechen, was für immer in den Annalen der Geschichte festgehalten werden wird, daß es die erste sozialdemokratische Regierung gewesen ist, die ein Ende gemacht hat mit der politischen Unmündigkeit der deutschen Frau«.[4] »Aber«, fuhr sie fort, »damit begeben wir uns nun keineswegs des Rechts, anders geartete Menschen, weibliche Menschen zu sein. Es wird uns nicht einfallen,

Marie Juchacz (1879–1956)

unser Frauentum zu verleugnen, weil wir in die politische Arena getreten sind«, und sie nannte die Fürsorge für Witwen, Waisen und Kriegshinterbliebene, das Schulwesen, die Rentensicherung für Alte und Invaliden usw., d.h. »die gesamte Sozialpolitik«, das »Gebiet, in welches die Frauen einfach hineinpassen und hineingehören nach ihrer ganzen Veranlagung, und wo sie für das Volk Ersprießliches leisten können«.[5]

Mit dieser konservativen Auffassung von Frau und Frauenpolitik fand Marie Juchacz bei den männlichen Abgeordneten, selbst denen der linken Unabhängigen Sozialdemokratischen Partei Deutschlands (USPD), ungeteilten Beifall – im Protokoll ist wiederholt »Sehr richtig« zu lesen – und auch die Volksvertreterinnen schienen einverstanden zu sein.

Die Radikalen der Bürgerlichen Frauenbewegung hätten mit Sicherheit Einspruch erhoben, nicht nur gegen die Beschränkung weiblicher Menschen auf den sozialen Bereich, sondern auch dagegen, dass Marie Juchacz kein Wort über die jahrzehntelangen Stimmrechtskämpfe verlor. Aber diese Frauen waren in der Nationalversammlung nicht vertreten; Anita Augspurg war in den Rätekongress in Bayern gegangen und Lida G. Heymann hatte zwar für die USPD kandidiert, wurde aber nicht gewählt.[6]

Doch in der Sitzung des folgenden Tages konterte die USPD-Abgeordnete Luise Zietz. Obwohl sie wie Marie Juchacz von der »weibliche(n) Eigenart« ausging, durch die »unsere Kultur … bereichert« werde, verwahrte sie sich entschieden gegen ein politisches Programm mit »besonderen Frauenaufgaben«. »Bisher«, sagte sie, »faßten Sozialdemokraten die staatsbürgerliche Gleichberechtigung der Frau nicht so auf, daß bestimmte Gebiete des öffentlichen Lebens für die Frau abgetrennt … würden, um so gewissermaßen aufs neue ein Frauensegment[7] zu errichten, sondern wir Sozialdemokraten haben stets unter der politischen … Gleichberechtigung … verstanden, daß die Frau neben dem Mann überall gemeinsam sich betätigen soll«. Und sie warnte: »Verschiedene bürgerliche Zeitungen« würden schon »ausdrücklich hervor« heben, dass »die … Frau nur für die besonderen

Luise Zietz, geb. Körner
(* 25. März 1865 in Bargteheide; † 27. Januar 1922 in Berlin)
deutsche Politikerin (USPD)

Frauenaufgaben heranzuziehen« sei.[8] Als wollte sie ihrem Verständnis von politischer Gleichberechtigung auch Taten folgen lassen, ließ sie sich im weitaus größten Teil ihrer Rede über Themen wie »Koalitionsregierung«, »Versammlungsfreiheit«, »Generalstreik« aus und steigerte sich bei ihrem Protest gegen die Erhaltung der »Militärgerichtsbarkeit« zur

Überzeugung, dass das wieder eingeführte »Eiserne Kreuz« ein »Blutzeichen« sei, was ihr bei der Mehrheit der Zuhörenden »Wiederholte Rufe: Heraus mit ihr!« einbrachte.[9]

Trotz oder wegen dieses fulminanten Auftritts der USPD-Abgeordneten war »die Rollenzuweisungen der Frauen in der Politik für lange Zeit festgeschrieben«.[10]

Sie beschränkten sich im Reichstag, wie die Nationalversammlung nach Annahme der Verfassung am 11. August 1919 wieder hieß, auf die sogenannten »Frauengesetze«: die »religiöse Kindererziehung« (1921), die »Jugendwohlfahrt« (1922), die »Zulassung der Frauen zu … der Rechtspflege« (1922), nach denen Juristinnen »erstmals Rechtsanwältin oder Richterin« werden konnten, den Schutz der Mütter vor und nach der Niederkunft (1927) oder ein Gesetz zur »Bekämpfung der Geschlechtskrankheiten« (1927), das die Forderungen der radikalen bürgerlichen Frauenbewegung aufnahm, die Polizeikontrolle durch die von Gesundheitsämtern zu ersetzen und nicht nur die Prostituierten, sondern auch ihre Kunden auf Sexualinfekte zu überprüfen.[11] Die Reform des Ehe- und Familienrechts, für die Juristinnen bereits detaillierte Vorschläge erarbeitet hatten, blieb dagegen unbeachtet. Dabei wäre gerade sie von zentraler Bedeutung gewesen. Bestand doch zwischen den beruflichen und politischen Rechten, die Frauen seit Längerem errungen hatten, und ihrer unveränderten Unmündigkeit im privaten Bereich noch nach der Gründung der BRD 1949 ein eklatanter Widerspruch. So war es »grotesk«, wie eine FDP-Abgeordnete sagte, »daß eine Frau hier im Bundestag über das Geschick einer ganzen Nation entscheiden kann während »zu Hause … der Mann

§1354 BGB – Wohnortfolge »verkehrt« Marie Marcks (1922–2014)

… sagen könnte: Du darfst nicht in den Bundestag gehen«.[12] Selbst wenn »eine Ehefrau … den von ihr erspielten Lottogewinn … erhalten« wollte, hatte sie die »Zustimmung ihres Mannes vor(zu)legen«[13], ganz abgesehen davon, dass sie »als Mutter in ihrem ureigensten Bereich sich dem Vater fügen mußte«.[14]

Dass dieser Widerspruch mit dem Grundgesetz der Bundesrepublik Deutschland wenn nicht aufgehoben, dann doch erstmals angegangen wurde, ist einer einzigen Frau zu verdanken, der Sozialdemokratin, promovierten Juristin, Anwältin einer Kanzlei mit 15 Angestellten und Mutter von zwei Söhnen, Dr. Elisabeth Selbert.

Sie wurde – als zweite von vier Töchtern des Ehepaars Rohde – am 22. September 1896 in Kassel geboren; die Eltern kamen aus teils bäuerlichem, teils bürgerlichem Milieu. Nach der Mittelschule und anschließendem Besuch einer Frauenfachschule war sie als Auslandskorrespondentin, dann im Telegrafendienst tätig und heiratete 1920 den Sozialdemokraten Adam Selbert, der sie auch zum Eintritt in die SPD bewog.

Nach der Heirat bestand sie als Externe an einem Jungengymnasium das Abitur und begann nach der Geburt ihrer beiden Kinder Jura zu studieren. Das alles sei aber nur möglich gewesen, weil ihr Mann sie unterstützte und die Eltern sich um die Söhne kümmerten. 1934 »erhielt sie als eine der letzten Frauen in der Nazizeit überhaupt die Lizenz als Anwalt«[16], obwohl viele Parteigenossen bereits in »Schutzhaft« saßen und ihr Mann sogar ins Konzentrationslager kam, allerdings nur für kurze Zeit. Danach blieb er – bis 1945 – arbeitslos, sodass sie als Anwältin den Unterhalt der Familie bestritt.

»Männer und Frauen sind gleichberechtigt« – der Sieg Elisabeth Selberts

Ihr Einsatz für Gleichberechtigung der Frau im Familienrecht begann damit, dass sie 1948 in den »Parlamentarischen Rat« gewählt wurde, der das Grundgesetz bzw. die Verfassung der elf westdeutschen Länder erarbeiten sollte.

Die Zeiten waren nach dem Zweiten Weltkrieg noch desolater als nach dem Ersten. Es herrschten nicht nur Hungers- und Wohnungsnot; die meisten Städte lagen nach den Bombardements der Alliierten auch in Schutt und Asche. Allerdings wurden die Abgeordneten des Rates – anders als die der Weimarer Nationalversammlung – nicht von Geheimpolizisten beobachtet, sondern mussten sich nur an die Direktiven der westlichen Siegermächte halten. Für die Parlamentarier war es nicht einfach, geeignete Räumlichkeiten zu finden. Schließlich entschieden sie sich für eine Kultureinrichtung, das naturkundliche Museum Alexander-Koenig in Bonn.

In ihrer Rede 1978 vor dem Deutschen Frauenring[15] in Kassel – sie war derzeit 82 Jahre alt – erinnerte sich Elisabeth Selbert noch an die äußeren Umstände: »Rundherum ausgestopfte Tiere, die hatte man verhängt und beiseite geschoben. So entstand ein Karree: in der Mitte wir 65, zwischen den Hohen Kommissaren mit ihren ganzen Stäben auf der einen Seite und den Ministerpräsidenten auf der anderen …, …, außenherum, wie gesagt, die ausgestopften Tiere.«[16] Außer Elisabeth Selbert saßen noch drei weitere Frauen im Museumsraum: Frieda Nadig, ebenfalls Sozialdemokratin, Helene

Dr. Elisabeth Selbert (1896 – 1986)
als jüngere und als ältere Frau

Weber von der CDU und Helene Wessels als Mitglied der überwiegend katholischen Zentrums-Partei. Bei dieser politischen Herkunft war kein einheitliches Vorgehen der vier »Grundgesetzmütter« zu erwarten und wie sich während der neunmonatigen Verhandlungen zeigte, wurde Elisabeth Selbert mit ihrer Gleichberechtigungsstrategie selbst von ihrer Parteigenossin nicht immer unterstützt.

Als es bei der Verhandlung der Grundrechte auch um einen Artikel zur Rechtsgleichheit ging, brachte Selbert die Formulierung ein, die noch heute in der deutschen Verfassung steht: »Männer und Frauen sind gleichberechtigt.« (Artikel 3,2.). Die Abgeordneten aber wollten den Artikel 109, Satz 2, aus der Weimarer Verfassung übernehmen: »Männer und Frauen haben grundsätzlich dieselben staatsbürgerlichen Rechte und Pflichten«. Selbert war entschieden dagegen, und zwar aus mehreren Gründen. Einmal wollte sie das Wort »grundsätzlich« streichen; es hätte in der Rechtsprechung ständig Ausnahmen erlaubt. Dann sollte das Wort »Pflichten« aus dem fraglichen Text verschwinden.

»Da, wo die Frau keinen Beruf hat«, argumentierte sie, »keinem Erwerb nachgeht, könnte man natürlich ... sagen: Worin soll denn die Gleichberechtigung hier bestehen? Die Frau kann ja keinen Unterhaltsbeitrag leisten. Ich möchte hier sagen: Der Unterhaltspflicht des Mannes steht als Aequivalent die Aufgabe der Frau gegenüber, die Kinder zu erziehen, den Haushalt zu führen, also eine soziologisch wertvolle Arbeit zu leisten«, und dann setzte sie noch einmal nach, als sie darlegte, dass »die Arbeit der Hausfrau ... der Arbeit der berufstätigen Frau gleichwertig ist«.[17]

Die »Mütter des Grundgesetzes« –
(v.l.n.r.) Friederike Nadig (SPD), Elisabeth Selbert (SPD),
Helene Weber (CDU), Helene Wessels (Zentrum); Foto 1949
(Erna Wagner-Hehmke)

Drittens – und das war der Juristin am wichtigsten – durfte sich die Gleichberechtigung nicht nur auf die »staatsbürgerlichen Rechte« beziehen. Eine solche Beschränkung hätte die Novellierung des patriarchalischen Ehe- Familienrechts ausgeschlossen. Außerdem wäre die erstmalige Chance vertan, eine Demokratisierung dieses Rechts zu erzwingen, denn – anders als noch in der Weimarer Verfassung – sollten die Grundrechte nach Artikel 3,1 des Grundgesetzes »Gesetzgebung, Vollziehende Gewalt und Rechtsprechung (binden)«

bzw. verpflichtend und darüber hinaus einklagbar sein. Dass Selbert vor diesem Hintergrund mit ihrer Gleichberechtigungsversion in das sprichwörtliche Wespennest gestochen hatte, zeigte sich an der Aufregung, mit der ihre Kollegen reagierten. Bei ihrem Antrag, sagte ein CDU-Abgeordneter, sei es »unmöglich ... zu übersehen, was sich daraus ergeben wird. Das bisher geltende Recht« – er meinte das Familienrecht – »würde in sich zusammenfallen und nichts würde an seine Stelle treten«.[18]

Selbst in ihrer eigenen Fraktion gab es Widerstand: »Um Gottes Willen«, fürchtete ein Kollege, »wenn das nun als verbindliche Kraft in das Grundgesetz hineinkommt ... das gibt ein Rechtschaos, wie denkst du dir das?«[19], während Heinz Renner, einer der beiden KPD-Mitglieder, ganz ruhig blieb: dann »müssen eben die bestehenden Gesetze modernisiert und den heutigen Forderungen der Frau auf Gleichberechtigung angeglichen werden.«[20]

Wahrscheinlich kannte er die Entwürfe für die DDR-Verfassung, die vier Monate nach dem Grundgesetz der BRD beschlossen wurde. Dort stand in Artikel 7 nicht nur der Satz »Mann und Frau sind gleichberechtigt«, sondern auch, dass »alle Gesetze und Bestimmungen, die der Gleichberechtigung der Frau entgegenstehen, ... aufgehoben (sind)«.[21]

Als Elisabeth Selberts Antrag in der 2. Lesung – von ihrer Fraktion abgesehen – »mit einem einheitlichen Nein« abgelehnt wurde, setzte der »Sturm« empörter Frauen außerhalb des Parlamentarischen Rates ein. »Ich war ... landauf und landabwärts gefahren, ich war in Hamburg, München, Frankfurt und hatte über die Gleichberechtigung der Frau gesprochen, besonders im Familienrecht«, erinnerte sie sich. »Das konnte ich ganz gut, weil ich als Anwalt seit 1934 immer wieder erlebt hatte, welche ungeheuerlich schlechte Rechtsstellung die Frau … hatte«, und es sei »geradezu begeisternd und erschütternd« gewesen, »wie die Proteste aus dem ganzen Bundesgebiet, und zwar Einzelproteste und Verbandsproteste, in großen Bergen in die Beratungen« der 65 Parlamentarier »hineingeschüttet wurden. Körbeweise!«[22]

»Mit großem Erstaunen« hatten Gewerkschafterinnen aus Frankfurt am Main, »davon Kenntnis genommen, dass der »Passus ›Männer und Frauen sind gleichberechtigt‹ … abgelehnt wurde … Wir als erwerbstätige Frauen protestieren ganz energisch dagegen und erwarten, dass … dieser Beschluß noch eine Revision erfährt.«[23]

Die Frauen der Deutschen Dunlop Gummi comp. A.G. konnten »es nicht verstehen, dass eine Partei, wie die CDU, die sich demokratisch nennt, diesen Antrag, der die Unterstützung von SPD und KPD hat, ablehnen kann … Wir als Frauen sehen … die Ablehnung als eine gegen uns gerichtete Maßnahme an, die unwürdige Stellung, die die Frauen schon seit Jahrhunderten haben, auch weiterhin bestehen zu lassen. Wir … fordern …, daß der von Ihnen gefaßte Beschluss revidiert wird!«[24], und die weiblichen Abgeordneten des Niedersächsischen Landtags hatten schon Ende 1948 geschrieben, dass die Mitglieder des Parlamentarischen Rates »ihren Wählerinnen verantwortlich« wären und dass nur die Formulierung »Männer und Frauen sind gleichberechtigt« »der Stellung der Frau in den vollständig gewandelten wirtschaftlichen und sozialen Verhältnissen gerecht« werde.[25] Nach diesen »außerparlamentarischen Oppositionen«[26] erzählte Elisabeth Selbert später, »hätte kein Abgeordneter mehr gewagt … bei seinem Nein zu bleiben«, und sie wusste nicht, »ob ich … das Gefühl beschreiben kann, das ich in diesem Augenblick … hatte: es war die Sternstunde meines Lebens, als die Gleichberechtigung der Frau … zur Annahme kam.«[27]

Theodor Heuss, der erste Bundespräsident, meinte »zwar hinterher, als er doch Ja gesagt hatte«, der Protest der Frauen »wäre so ein Quasi-Stürmlein gewesen, das jemand provoziert habe«, erzählte Selbert, »aber man wollte es natürlich … ein bißchen verschleiern, daß man vorher Nein gesagt hatte«.[28]

Der Gleichberechtigungsgrundsatz und seine Folgen

Nach der Verabschiedung des Bonner Grundgesetzes am 23. Mai 1949, und damit auch des Gleichberechtigungsgrundsatzes, ging es nun darum, das Ehe- und Familienrecht von 1900 endlich zu demokratisieren. Die Parlamentarier hatten es damit nicht besonders eilig. Die Parlamentarierinnen konnten sich immerhin auf den Artikel 117 beziehen, nach dem die veralteten Paragrafen »nicht länger als bis zum 31. März 1953 (in Kraft)« bleiben sollten. In der Zeit bis zu diesem Termin wurden betroffene Frauen von den zuständigen Amtsgerichten schriftlich über ihre neuen Rechte informiert, was bei den an ihre Entscheidungsgewalt gewöhnten Ehemännern oft als Zumutung erlebt wurde. Ein Beispiel ist das Schreiben an eine

Mutter, die bei ihrer Wiederverheiratung die Vormundschaft über ihre beiden Kinder an den Stiefvater verloren hatte. In dem Schreiben, das sie allerdings erst am 16. November 1953 erhielt, stand, dass dieser Verlust »mit dem durch Artikel 3, Abs. 2 statuierten Grundsatz der Gleichberechtigung von Mann und Frau unvereinbar« sei und »die gesetzliche Vertretung der Mündel ... jetzt der Mutter zu« stehe.[29]

Das Gleichberechtigungsgesetz vom 3. Mai 1957, das auf das Betreiben einer weiteren Juristin, der Sozialdemokratin und ersten Richterin am 1951 gegründeten Bundesverfassungsgericht, Erna Scheffler, zurückging, brachte weitere Fortschritte: Die Ehefrau konnte dem Familiennamen des Mannes ihren Mädchen- bw. Geburtsnamen hinzufügen (§1355), sie bekam das Recht, erwerbstätig zu sein, allerdings nur »soweit dies mit ihren Pflichten in Ehe und Familie vereinbar« war (§1356) und die Haushaltsführung wurde, wenn auch nur indirekt, der Erwerbstätigkeit des Mannes gleichgestellt (§1360). Damit hielten die Gesetzgeber trotzdem am alten Rollenbild fest, denn die Verpflichtung der Frau zur Hausarbeit ließen sie bestehen.

Der dritte Schritt war das »Erste Gesetz zur Reform des Ehe- und Familienrechts« von 1977, das unter der sozialliberalen Regierungskoalition von SPD und FDP zustandekam (1969–1982). Seine Bedeutung lag weniger in den Novellierungen – die Ehegatten konnten den Geburtsnamen der Frau wie des Mannes zum gemeinsamen Familiennamen erklären lassen (§1355) oder selber entscheiden, wer den Haushalt führt, womit das alte Recht des Ehemannes, seiner Frau eine Erwerbstätigkeit zu verbieten, nicht mehr galt – (§1356) – wichtiger waren die Anpassungsgesetze, die in den nächsten Jahren folgten: Seit 1994 konnten Mann und Frau bei der Heirat ihren eigenen Namen behalten, seit 2002 galt das Gewaltschutzgesetz, nachdem ein gewalttätiger Ehemann die gemeinsame Wohnung zu verlassen hatte, d.h. die Frau musste mit ihren Kindern nicht mehr in eins der meist überfüllten »Frauenhäuser« ziehen. 1997 wurde Vergewaltigung auch in der Ehe zum Straftatsbestand und seit 2016 gilt bei sexuellen Straftaten erstmals der Grundsatz »Nein heißt Nein«. Damit verlor die unsägliche Unterstellung der »vis haud ingrata«, der »nicht ganz unwillkommenen Gewalt«, die jahrhundertelang selbst Tätergruppen vor der gerechten Bestrafung bewahrt hat, ihre Rechtskraft.

»Frauen für eine neue Verfassung« – Frankfurt am Main 1990

Trotz dieser und weiterer Erfolge für Frauenrechte, von denen die Kämpferinnen voriger Jahrhunderte wahrscheinlich kaum zu träumen gewagt hätten, bleiben noch viele Forderungen bestehen. Das hat vor allem der Kongress west- und ostdeutscher Frauen Anfang September 1990 in der Frankfurter Paulskirche gezeigt. Vor dem Hintergrund der »Wiedervereinigung« bzw. des »Beitritts«[30] der DDR zur BRD, beschlossen die Teilnehmerinnen das »Frankfurter Frauenmanifest«, mit dem sie » … für eine neue Verfassung« eintraten.[31] Darin ging es nicht nur um frauenspezifische Forderungen wie das uneingeschränkte Recht auf Schwangerschaftsabbruch, Geschlechterquotierung oder

Zwei Teilnehmerinnen der west-ostdeutschen Frauenversammlung in der Paulskirche, Frankfurt am Main, September 1990: »Frauen für eine neue Verfassung«

Lohngleichheit, sondern auch um eine »›ökologische, pazifistische und antirassistische‹ Gesellschaftsordnung«, d.h. eine »zentral ... andere Politik«. So sollte die »Verankerung ökologischer Prinzipien ... zum Schutz natürlicher Lebensgrundlagen« ebenso in eine gesamtdeutsche Verfassung gehören wie das »Verbot der Herstellung und des Vertriebs von Waffen«.[32]

Anzeige

FRAUEN IN BESTER VERFASSUNG?

Ein Staat, der sich der Demokratie verpflichtet, darf nicht länger bei der Proklamation der Gleichberechtigung stehen bleiben. Ein einziger Artikel „Männer und Frauen sind gleichberechtigt" (Art. 3 [2] Grundgesetz) reicht nicht aus, um Frauen aus ihrer jahrhundertealten Benachteiligung zu befreien.

Deshalb fordern wir neue Frauenrechte:

1. Der Staat fördert die gleichberechtigte Teilhabe von Frauen in allen gesellschaftlichen Bereichen.

2. Jede Frau hat das Recht zu entscheiden, ob sie eine Schwangerschaft austrägt oder nicht.

3. Frauen und Männer, die mit Kindern oder Pflegebedürftigen leben, haben Anspruch auf Schutz und Förderung durch den Staat.

4. Jede Frau hat das Recht auf sexuelle Selbstbestimmung. Der Staat schützt Frauen vor männlicher Gewalt.

5. Frauenarbeit wird nicht geringer bewertet und entlohnt als die des Mannes.

6. Das Recht auf freie Meinungsäußerung findet seine Grenzen dort, wo die Würde der Frau berührt ist.

7. Öffentliche Erziehung wirkt der Fixierung der traditionellen Geschlechtsrollen entgegen.

8. Frauen, die wegen ihres Geschlechts verfolgt werden, genießen politisches Asyl.

Die Gleichberechtigung muß auch in der Sprache der Verfassung zum Ausdruck kommen: sie soll klarmachen, daß das Volk nicht nur aus Männern besteht!

Erst wenn wir eine solche Verfassung haben, sind

FRAUEN IN BESTER VERFASSUNG!

Die gemeinsame Verfassungskommission von Bundestag und Bundesrat führt am **5. November 1992 eine Anhörung zum Thema Frauenrechte in der Verfassung** durch. Die Anhörung nicht wie ursprünglich geplant am 8. Oktober 1992 ist öffentlich. Beginn 10 Uhr, Raum bitte erfragen im Sekretariat der Verfassungskommission, Telefon 02 28 / 13 96. Nehmen Sie daran teil und geben Sie so den Forderungen Nachdruck! Schreiben Sie an die Verfassungskommission (Bundeshaus, 5300 Bonn 1)!

Forderungen west- und ostdeutscher Frauen und Männer anlässlich der Anhörung der Verfassungskommission am 5.11.1992 in Bonn

Antje Vollmer leitet eine Debatte im Bundestag, 2003

Das Ergebnis der Forderungen war zumindestens für die Initiatorinnen unbefriedigend. Der Artikel 3,2 des Grundgesetzes, das nun auch für die fünf ostdeutschen Bundesländer galt, wurde nur um einen zweiten Satz erweitert: »Der Staat fördert die tatsächliche Gleichberechtigung von Frauen und Männern und wirkt auf die Beseitigung bestehender Nachteile hin.«[33]

Darüber hinaus wurde in Artikel 3 des Einigungsvertrags Näheres zu »Familie und Frauen«[34] ausgeführt.

In der ersten Sitzung des gesamtdeutschen Bundestags am 4. Oktober 1990 ergriff die Theologin Dr. Antje Vollmer das Wort. Wie der Arbeiterin Marie Juchacz in der Weimarer Nationalversammlung 1919 war auch der Abgeordneten der Partei »Bündnis 90/Die Grünen« bewusst, »daß ich jetzt die erste Frau in der Debatte bin«, und dann wies sie darauf hin, dass »es vor allem die Frauen (waren), die die Revolution in der DDR zu einer friedlichen gemacht haben ... Gerade in Anfangszeiten, wenn es besonders schwierig ist ... sind die Frauen unentbehrlich ... Auffällig dagegen ist, wie die Frauen aus den ersten Reihen vertrieben werden, wenn es darum geht, aus der Revolution wieder feste Strukturen zu machen«. Aber: »Wir melden hier schon einmal vorsorglich an, daß mit uns Frauen weiter zu rechnen sein wird. Wir lassen uns nicht noch einmal ins zweite Glied zurückschieben, wie es unseren Müttern am Anfang der autoritär-patriarchalischen Adenauer-Ära und auch in den Kasten des DDR-Regimes passiert ist«, denn: »Diese Republik muß weiblicher sein als alle deutschen Republiken vorher!«[35]

Anmerkungen

1 Verhandlungen der verfassunggebenden deutschen Nationalversammlung, Stenographische Berichte von der 1. Sitzung am 6. Februar 1919 bis zur 26. Sitzung am 12. März 1919, Bd. 326, Berlin 1920, S. 232 (Rede von Luise Zietz am 20.2.1919 (USPD)).

2 a.a.O., S. 2.

3 zit. Gerhard, Ute: Unerhört – Die Geschichte der deutschen Frauenbewegung, Hamburg 1990, S. 339.

4 Verhandlungen, a.a.O., S. 177f.

5 a.a.O., S. 178.

6 Lida Gustava Heymann in Zusammenarbeit mit Dr. jur. Anita Augspurg: Erlebtes – Erschautes – Deutsche Frauen

kämpfen für Freiheit, Recht und Frieden, Meisenheim am Glan 1972, S. 170, S. 167f.

7 Für Zuhörerinnen bei Männerversammlungen mit einem schwarz-weißen Seil abgetrennter Bereich; eingeführt 1902 in Preußen zur Zeit der von 1850 bis 1908 geltenden Vereins- und Versammlungsverbote »für Frauenspersonen, Schüler und Lehrlinge«.

8 Verhandlungen, a.a.O., S. 233.

9 a.a.O., S. 234.

10 Dertinger, Antje: DIE BESSERE HÄLFTE kämpft um ihr Recht, Köln 1980, S. 136.

11 Vgl. Gerhard, a.a.O., S. 342f.

12 Dertinger, a.a.O., S. 239.

13 Schwab, Dieter: Gleichberechtigung und Familienrechte im 20. Jahrhundert; in: Gerhard, Ute (Hrsg.): Frauen in der Geschichte des Rechts – Von der Frühen Neuzeit bis zur Gegenwart, München 1997, S. 790–827; S. 791.

14 Dertinger, Antje: Frauen der ersten Stunde – Aus den Gründerjahren der Bundesrepublik, Bonn 1989, S. 164.

15 am 8./9. Oktober 1949 in Bad Pyrmont als Dachorganisation überparteilicher und konfessionsneutraler Frauenvereine gegründet, in bewusster Abgrenzung vom 1947 gegründeten sozialistischen Demokratischen Frauenbund Deutschlands.

16 zit. Dertinger, a.a.O., S. 184.

17 zit. Feuersenger, Marianne: Die garantierte Gleichberechtigung – Ein umstrittener Sieg der Frauen, Freiburg im Breisgau 1980, S. 42.

18 zit. Reich-Hilweg, Ines: Männer und Frauen sind gleichberechtigt – Art.3 Abs.2 GG, Frankfurt am Main 1977, S. 20.
19 Feuersenger, a.a.O., S. 51.
20 zit. Reich-Hilweg, ebd.
21 DDR Verfassung 7.10.1949, Art.7; in: Hildebrandt, Horst: Die deutschen Verfassungen des 19. und 20. Jahrhunderts, Paderborn 1970, S. 188–225; S. 190.
22 Feuersenger, a.a.O., S. 52.
23 Reich-Hilweg, a.a.O., S. 144.
24 a.a.O., S. 147.
25 a.a.O., S. 145.
26 a.a.O., S. 13, 21f.
27 Feuersenger, a.a.O., S. 53.
28 a.a.O., S. 52.
29 Schreiben des Amtsgerichts Brake/Unterweser vom 16.11.1953, AZ VII.
30 Einigungsvertrag – Vertrag zwischen der Bundesrepublik Deutschland und der Deutschen Demokratischen Republik über die Herstellung der Einheit Deutschlands, 31. August 1990; BGBl. II, S. 885 Artikel 1.
31 Feministische Studien, Weinheim 1991, 9. Jg. extra, S. 109–114.
32 a.a.O., S. 5.
33 Grundgesetz für die Bundesrepublik Deutschland, München 2009, 59., neu bearbeitete Auflage, S. 4–73; S. 4
34 vgl. Anm. 30
35 Verhandlungen des Deutschen Bundestages, 11. Wahlperiode Stenographische Berichte, Bd.154, Bonn 1990, S. 18058f

»Gleichberechtigung haben wir erst, wenn auch dumme Frauen etwas werden können!« – Die Quotendebatte

»Quoten« (lat.) sind Anteile von einem Ganzen.

Die Statistik stellt sie methodisch fest, wenn sie z.B. den Anteil der Erwerbspersonen an der Gesamtheit der Wohnbevölkerung als »Bruttoerwerbsquote« ausmacht. Politiker fordern Anteile an der Gesamtzahl praktizierender Ärzte, gezeigter Filme oder vorhandener Fischgründe und beschließen sie als »Landarztquoten«, »Filmquoten« und »Fangquoten« und die Bürgerschaft der Freien Hansestadt Bremen hat mit 80 und 20 Mandaten für die Städte Bremen und Bremerhaven das Landesparlament nach der Bevölkerungsanzahl der beiden Städte quotiert. Selbst das bundesrepublikanische Verhältniswahlrecht, nach dem die Bundestagssitze auf die Fraktionen der Parteien nach dem jeweiligen Anteil an den erreichten »Zweitstimmen« zu verteilen sind, kann als Quotenregelung verstanden werden.

Dabei sollen die statistischen Quoten Richtigkeit, die politischen in jedem Fall Gerechtigkeit herstellen und Diskriminierung ausschließen. Beides ist im Allgemeinen auch kein Problem.

Interessanterweise ist die Aufregung groß, wenn es um »Frauenquoten« geht, obwohl »Männerquoten«, die nicht nur auf »stillschweigenden Vereinbarungen«, sondern auch »ausdrücklichen Regelungen beruhen« können, auf keine Kritik stoßen. So »(erhielt) eine Bewerberin für den Ausbildungsgang Sozialversicherungsangestellte ... die Absage mit der Begründung, daß von der Hauptverwaltung die Auflage erteilt worden sei, ... nur männliche Auszubildende einzustellen«, und in »verschiedenen Bereichen der Wirtschaft und des öffentlichen Dienstes gibt es informelle Quoten in den Personalabteilungen, die einen Mindestprozentsatz an einzustellenden Männern fordern«.[1]

Die Einwände gegen »Frauenquoten« reichen von der Behauptung, dass Frauen gar nicht benachteiligt wären, über die Sorge um den Erhalt von Ehe und Familie bis zur Befürchtung, dass eine Quotierung in Politik und Wirtschaft den Frauen nur schaden würde.[2]

Es gibt aber auch ernstzunehmende Argumente. Von Unternehmern wird gesagt, dass »Frauenquoten« ihrer Entscheidungsfreiheit widersprächen. Dann heißt es, dass es bei Einstellungen nicht auf das Geschlecht, sondern die Leistung ankomme, und drittens, dass derartige Quoten das Gesetz, die Verfassung und sogar die Menschenrechte verletzen.

Unternehmer, die um ihre Freiheit fürchten, wenden sich deshalb gegen Eingriffe des Staates. Sie können sich auf Artikel 14 des Grundgesetzes berufen, nach dem »Eigentum und das Erbrecht gewährleistet (werden)«. Politisch gesehen, werden sie von Parteien unterstützt, die sich wie die CDU allenfalls zu einem »Quorum«[3] entschließen konnten oder die – wie die FDP – Quoten, also auch »Frauenquoten«, grundsätzlich ablehnen.

Gegner dieser Position beziehen sich ebenfalls auf Artikel 14 des Grundgesetzes, nach dessen 2. Absatz »Eigentum verpflichtet« und »sein Gebrauch … dem Wohl der Allgemeinheit dienen (soll)«. Darüberhinaus können sie auf den Gleichberechtigungsgrundsatz Artikel 3 verweisen, dessen 2. Absatz – »Männer und Frauen sind gleichberechtigt« – nach dem »Beitritt« der DDR zur BRD 1990 um den Satz erweitert wurde: »Der Staat« fördert die tatsächliche Durchsetzung der Gleichberechtigung von Frauen und Männern und wirkt auf die Beseitigung bestehender Nachteile hin«.

Dass es bei Einstellungen von Personal in Wirtschaft wie staatlichen Einrichtungen um Leistung, nicht um das Geschlecht gehen soll, ist ein Argument, das gleichfalls von Arbeitgeberseite weniger des Staates als der Wirtschaft erhoben wird. Ökonomisch gesehen – und so müssen Unternehmer in einer Marktwirtschaft denken – besteht Leistung darin, Produkte oder Dienstleistungen in einem möglichst begrenzten Zeitraum möglichst effektiv zu erbringen.

»Am leistungsfähigsten ist danach eine Arbeitsperson, die kontinuierlich erwerbstätig sowie zeitlich und örtlich flexibel ist« und »unbelastet von anderen Verpflichtungen … alle Kraft der Berufsarbeit zuwenden« kann. »Diesem Lebensmuster vermögen« auch gegenwärtig »Männer eher und entschieden häufiger zu entsprechen als Frauen.«[4]

Diejenigen, die diesen Leistungsbegriff ablehnen, der letztlich auf den »Begründer der modernen Ökonomie«, den schottischen Nationalökonomen Adam Smith (1723–1790) zurückgeht, verweisen auf die Abhängigkeit ökonomischer Leistungsfähigkeit von Erziehungs-, Haus- und Pflegearbeit, die im Privatleben unentgeltlich, als Beruf unterbezahlt, sozial entwertet und als solche nicht nur, aber überwiegend von Frauen ausgeübt wird.[5] Diese Tatsache wird im Allgemeinen zwar ignoriert, ihre Entdeckung ist aber nicht neu: denn schon 1973 wies der US-amerikanische Ökonom John Kenneth Galbraith darauf hin, dass »die moderne Wirtschaft zu ihrem Erfolg ... einer Klasse heimlicher Diener (bedarf)« und dass »eine der spektakulärsten Leistungen« gewesen sei, »die Frauen zur Übernahme einer solchen Rolle heimlicher Sklaven zu bewegen« und sie »im Konzept des Haushalts untergehen« zu lassen[6] und die englische Schriftstellerin Virginia Woolf hatte sich schon vor ihm darüber empört, dass »die Arbeit einer Mutter, Ehefrau oder Tochter für die Nation keinen Pfennig Bargeld wert« sein. Sie, »die täglich von früh bis spät arbeiten, ohne deren Arbeit der Staat zusammenbrechen würde ... bekommen nichts bezahlt! Kann das möglich sein?«[7]

Für qualifizierte und besser oder sogar angemessen bezahlte Erwerbstätigkeiten ist inzwischen unbestritten, dass Frauen gut oder auch besser als Männer sein können. So wies die Organisatorin des »Global Summit of Women«, der 2015 mit 1000 Teilnehmerinnen und Teilnehmern aus 63 Ländern in Sao Paulo stattfand, darauf hin, dass es Frauen »(nicht) an Ehrgeiz und Lernbereitschaft mangelt« und dass sie sogar weitgehend

»überqualifiziert«[8] seien. Die Chefin der US-amerikanischen Lebensmittel- und Getränkefirma »Pepsico« sagte, dass Förderprogramme in Entwicklungsländern, »die auf Frauen zugeschnitten sind«, sogar »fünf- bis sechsmal so effektiv« seien »wie jene, die sich an Männer richten«.[9] Der kanadische Ministerpräsident Trudeau, der 2015 ein nach Geschlechtern quotiertes Kabinett eröffnete, wurde von einem Staatsoberhaupt gefragt, »warum er so viele Frauen in seinem Kabinett habe.« Trudeau antwortete darauf hin, »wenn er seine Minister allein nach Fähigkeiten ausgesucht hätte, säßen noch viel weniger Männer am Kabinettstisch«.[10]

Nach dem dritten Argument ist die »Frauenquote« sogar gesetzeswidrig. Seine Vertreter berufen sich dabei auf zwei Artikel des Grundgesetzes, auf Artikel 3,2, nach dem »Männer und Frauen gleichberechtigt sind«, und Artikel 33,2, der besagt, dass »Jeder Deutsche … nach seiner Eignung, Befähigung und fachlichen Leistung gleichen Zugang zu jedem öffentlichen Amte (hat)«. Da es sich bei dem Artikel 3,2 um ein unveränderliches Grundrecht handelt, das nach Artikel 1,3 »Gesetzgebung, vollziehende Gewalt und Rechtsprechung« verbindlich macht, ist die »Frauenquote« für radikale Kritiker sogar ein »Menschenrechtsverstoß«.[11]

Tatsächlich war sie lange rechtlich umstritten.

Aber seit den Gleichstellungsgesetzen der Bundesländer für den öffentlichen Dienst – das erste dieser Gesetze wurde 1990 in Bremen verabschiedet – sind Frauen bei Ausbildungsplätzen »mindestens zur Hälfte«, und bei den Einstellungen und Beförderungen nur »bei gleicher Qualifikation … vorrangig zu berücksichtigen«, und dies auch nur in Bereichen, »in denen sie unterrepräsentiert (sind)«[12]; damit kann der juristische Einwand der Quotengegner als überholt abgetan werden.

Gleiches gilt »für die gleichberechtigte Teilhabe von Frauen und Männern an Führungspositionen der Privatwirtschaft«. Nach dem Bundesgesetz, das Anfang 2016 in Kraft trat, »(gilt) in Aufsichtsräten ... eine Frauenquote von 30 Prozent«.[13] Und so konnte der Bundesjustizminister Heiko Maas feststellen, dass »die gesetzliche Frauenquote ... notwendig und längst überfällig (war). Mit der Quote sorgen wir für mehr Gerechtigkeit und Chancengleichheit«.[14] Entsprechend wird von Politikerinnen wie der Familienministerin Katarina Barlay eine Quotierung auch für Vorstände gefordert.

Ein Rückblick in die Geschichte zeigt, dass sich vor allem Frauen für Quotenregelungen eingesetzt haben.

Das begann im Jahre 1908, als das Reichsvereinsgesetz Bürgerinnen vom 58-jährigen Verbot befreite, Mitglieder von politischen Organisationen zu werden und an Versammlungen von Parteien und Gewerkschaften teilzunehmen. Auf die Initiative der ersten sozialdemokratischen Frauenkonferenz im selben Jahr – von den damals 600.000 Mitgliedern der SPD waren schon 30.000 Frauen – beschloss der Parteitag in Nürnberg, dass »die weiblichen Mitglieder ... im Verhältnis zu ihrer Zahl« – gemeint war ihr Anteil an der Partei – »im Vorstand vertreten« sein sollten. »Doch muß diesem mindestens eine Genossin angehören.«[15]

Die erste Frau in einem SPD-Vorstand war auch die zweite, die in der Weimarer Nationalversammlung 1919 eine Rede

ASF-Frauen fordern die Quotierung auf dem SPD-Bundesparteitag 1988 in Münster – (im Vordergrund – v.l.n.r.: Oskar Lafontaine, Hans-Jochen Vogel, Johannes Rau)

gehalten hatte: die Arbeiterin Louise Zietz. Sechzig Jahre später wurde auf einem SPD-Parteitag – ebenfalls in Nürnberg – die Forderung eines weiblichen Vorstandsmitglieds auf »mindestens vier Frauen« erweitert.[16]

Der Beschluss des Parteitags 1988 in Münster, dass »ab sofort mindestens ein Drittel der Ämter von Frauen besetzt werden« sollte, »in einer zweiten Stufe dann ab 1994 mindestens 40 Prozent«, ging ebenfalls auf Frauen zurück. Die »Arbeitsgemeinschaft sozialdemokratischer Frauen« (ASF), die 1971 gegründet worden war, hatte schon 1985 »die 40-Prozent-Quote« verlangt.[17]

Die 50-Prozent-Quote wurde 1987 zuerst von den »Grünen«-Parteifrauen durchgesetzt, und zwar nicht nur für den Parteivorstand, sondern auch für die Kandidaturen für Bundestags- und Landtagswahlen.

Ebenso sieht die PDS seit 1992 eine »Frauenquote« von 50 Prozent vor und forderte nach ihrem Zusammenschluss mit der westdeutschen WADS, der Wahlalternative Demokratischer Sozialismus (2007), zur Partei DIE LINKE[18] zur Bundestagswahl 2017, diese Quotierung nicht nur für Aufsichtsräte, sondern auch für Vorstände, und zwar für die aller Unternehmen, desgleichen für die Kandidaturen zu Land- und Bundestagswahlen[19], durchzusetzen.

Ambivalente Erfolge

Bisher hat der Einsatz für Quoten noch zu keiner geschlechtergerechten Gesellschaft geführt; das wäre auch eine unrealistische Erwartung, aber Erfolge lassen sich trotzdem feststellen. So »hat sich der Anteil von weiblichen Abgeordneten im Parlament erhöht. Während er in den achziger Jahren unter zehn Prozent lag, beträgt er zu Beginn des 21. Jahrhunderts »31,8 Prozent. Damit liegt Deutschland weltweit (2005, 16. Legislaturperiode) auf Platz 15«; in der Periode 1998 – 2002 lag es noch »auf Platz 12«.[20]

Seit die norwegische Ministerpräsidentin Gro Harlem Brundtland im Mai 1986 ein quotiertes Kabinett eröffnete – zehn Minister und acht Ministerinnen[21] – haben auch andere Länder nachgezogen. 2015 machte der kanadische Ministerpräsident Justin Trudeau »weltweit Schlagzeilen

Macrons Befreiungsschlag

…sident präsentiert ein neues Kabinett, aus dem mehrere belastete Minis…

um von 2000 bis 2002 der sozialistischen Regierung an, zuletzt war sie im Topmanagement der staatlichen Eisenbahngesellschaft SNCF Generaldirektorin der Passagier-Sparte.

Parly ist eine von drei Frauen, die Macron nun in die Regierung geholt hat, die bislang keine oder keine tragende Rolle in der Politik hatten. So ernannte er am Mittwochabend Nicole Belloubet zur neuen Justizministerin, eine Rechtsprofessorin, die dem französischen Verfassungsrat angehörte. Für Europa ist nun Nathalie Loiseau die zuständige Ministerin, sie leitete bisher die wichtigste französischen Elitehochschule ENA, die Kaderschmiede für Politik und Staatsapparat.

Macron befreite sich mit der neuen Mannschaft von Kabinettsmitgliedern, die zur Belastung für seine Glaubwürdigkeit geworden waren. Der neue Präsident hatte sich im Wahlkampf auf die Fahnen geschrieben, einen Neuanfang in der französischen Politik durchzusetzen. So kündigte er an, Korruption und Geschäftemacherei von Politikern nicht mehr zu dulden. Seinem früheren Wahlkampfmanager, besonderen Vertrauten und Parteifreund Ri-

Zweiter Neuanfang im Elysée: Präsident Macron samt Regierung. FOTO: C. PETIT-TESSON/AFP

Der französische Staatspräsident Emmanuel Macron eröffnet ein quotiertes Kabinett, Juni 2017

mit dem ersten Kabinett Kanadas, in dem ein ausgeglichenes Geschlechterverhältnis herrscht«[22], seit 2017 leitet der französische Staatspräsident Emmanuel Macron ein Kabinett, das aus 14 männlichen und 15 weiblichen »Ministern und Staatssekretären mit Kabinettsrang« besteht[23] und zwei deutsche Bundesländer hatten ihn schon vorher sogar übertroffen: zuerst der Berliner Bürgermeister Walter Momper, der 1989 acht Frauen und fünf Männer in den Senat holte, dann die Ministerpräsidentin von Rheinland-Pfalz – Malu Dreyer – die 2014 ein Kabinett mit acht Ministerinnen und zwei Ministern bildete.[24] Diese Geschlechterverhältnisse dürften allerdings nicht das Ziel von Quotierungsregelungen sein, denn Momper und Dreyer haben die traditionelle Unterrepräsentanz von Frauen nur ins Gegenteil verkehrt.

In der Wirtschaft sind – der bescheidenen Quote von 30 Prozent für Aufsichtsräte nur der Top-Unternehmen entsprechend – Erfolge bisher weniger zahlreich. Immerhin »(schaffen ... inzwischen)«, d.h. 2015, »elf Konzerne die Marke von 30 Prozent«, während 2011 »der Frauenanteil in den Aufsichtsräten der DAX-Konzerne bei knapp 14 Prozent (lag)«.[25] Dagegen beträgt in den Vorständen, für die Quoten nicht gelten, »der Frauenanteil ... nur 6,1 Prozent und nach dem letzten Familienbericht, den die Bundesregierung nur einmal in einer Legislaturperiode vorlegt, haben sich »nur wenige Unternehmen überhaupt das Ziel gesetzt, eine Frau für den Vorstand zu gewinnen«.[26]

Der eigentliche Mangel der Quotierungsstrategien aber liegt darin, dass er der Mehrheit der Frauen – zumindest bisher – nichts bringt. Einmal wird ihre Familienarbeit – Kinder gebären, erziehen, den Haushalt führen und den überwiegenden Teil der Pflegearbeit leisten – nicht bezahlt, obwohl gerade diese Arbeit die Voraussetzung dafür ist, dass Politik und Wirtschaft auf voll erwerbstätige und zeitlich und räumlich flexibel einsetzbare, vorwiegend männliche Kräfte zurückgreifen

Zwei Wirtschaftsingenieure – männlich/weiblich

können. Dann werden erwerbstätige Frauen, die mehrheitlich in unterbezahlten und deshalb gering gewerteten Bereichen wie Kinderkrippen und -gärten, Grundschulen, Pflegeheimen, Einzelhandel, und Reinigungs- und Gaststättengewerbe tätig sind, von keiner der bisher beschlossenen Quoten erfasst. »Erforderlich« – so Ursula Engelen-Kefer, die ehemalige stellvertretende Vorsitzende des DGB – sei »ein radikaler Paradigmenwechsel in der Frauen-, Sozial- und Arbeitsmarktpolitik mit verbindlichen Quoten«.[27]

Geschlechtergerechtigkeit?

Ein solcher »Paradigmenwechsel« aber ist nur möglich, wenn in allen Bereichen der Gesellschaft grundsätzlich und

Hausmann …

durchgehend gefragt wird, wie »Repräsentation«, »Ressourcen« und »Realisierung« bei beiden Geschlechtern zum Tragen kommen. Diese »3-R-Methode« der Gender Mainstreaming- Strategie wurde auf der 4. UNO-Weltfrauenkonferenz 1995 in Peking vereinbart und im Amsterdamer Vertrag, der 1999 in Kraft trat, für alle Mitgliedstaaten der Europäischen Union verbindlich gemacht.[28]

… und Automechanikerin

Dabei wurde »Geschlecht« nicht als biologische, sondern soziale und damit auch politische Kategorie verstanden und die »Gleichheit« von Männern und Frauen nicht als »Identität«, wie Gegner der Genderstrategie befürchten, sondern »Gleichwertigkeit« von Verschiedenem, denn »Gleichberechtigung bedeutet nicht Angleichung an die Mannesstellung. Sie muß sich vielmehr an einem übergeordneten Maßstab, einem für alle Menschen (Männer und Frauen) möglichen Maß an Freiheit orientieren«.[29]

»Was aber, wenn die Frauen die Hälfte der Macht haben?«, fragte die Soziologin Sigrid Metz-Göckel auf der Tagung »Frauen in Wirtschaft und Politik« 1986 in Saarbrücken, »stimmen sie dann immer noch den immens steigenden Militärhaushalten zu? Machen dann immer noch nur Frauen Teilzeitarbeit? Stimmen dann immer noch die Öffnungszeiten für die ... Kinderbetreuungseinrichtungen mit den Arbeitszeiten der Eltern nicht überein?«.[30] »Frauen sind nicht die besseren Menschen«, hat die Feministin Alice Schwarzer (geb. 1942) einmal gesagt; »sie haben nur weniger Gelegenheit, sich die Hände schmutzig zu machen.«[31]

Aber die Teilhabe an der Macht, gesellschaftlich relevante Entscheidungen treffen zu können, ist keine Frage der Moral, sondern des Rechts. In diesem Sinne ist die provozierende Äußerung einer norwegischen Politikerin zu verstehen: »Gleichberechtigung haben wir erst, wenn auch dumme Frauen etwas werden können.«[32]

Anmerkungen

1 Pfarr, Heide: Quotierung und Rechtswissenschaft; in: Jansen, Mechtild (Hrsg.): Halbe – Halbe / Der Streit um die Quotierung, Berlin 1986, S. 86–97; S. 86.

2 a.a.O., S. 91, S. 93.

3 Quorum = »die zur Beschlussfähigkeit einer (parlamentarischen) Vereinigung, Körperschaft oder Ähnlichem vorgeschriebene Zahl anwesender stimmberechtigter Mitglieder« (Duden – Das Fremdwörterbuch, Berlin 2015, 11. überarbeitete und aktualisierte Auflage).

4 Pfarr, a.a.O., S. 92.

5 Vgl. das 2016 im H.C.Beck Verlag erschienene Buch der schwedischen Ökonomin Katrin Marcal: Machonomics. Die Ökonomie und die Frauen, München 2016.

6 Galbraith, John Kenneth: Wirtschaft für Staat und Gesellschaft, München Zürich 1976 (1973), S. 213.

7 Woolf, Virginia: Drei Guineen, München 1978 (1938), S. 60, S. 61.

8 Borchardt, Alexandra: Jenseits des Geschlechts; in: Süddeutsche Zeitung 18.5.2015.

9 ebd.

10 Hagen, Hans von der: Frau für große Auftritte; in: Süddeutsche Zeitung 17.8.2017.

11 Rhodes, Aaron: Mannomann – Die Frauenquote ist ein Menschenrechtsverstoß; in: Die Zeit 11.2.2014.

12 Bremische Zentralstelle für die Verwirklichung der Gleichberechtigung der Frau: LGG – Das Bremer Landesgleichstellungsgesetz, Bremen, Bremerhaven 2004, S. 13.

13 Reinsch, Melanie: Ärger über stagnierende Frauenquoten; in: Weser Kurier 17.8.2017.

14 ebd.

15 Osterroth, Franz/Schuster, Dieter: Chronik der deutschen Sozialdemokratie, Bd.1 Bonn 1975; zit. in: Dertinger, Antje: Die bessere Hälfte kämpft um ihr Recht – Der Anspruch der Frauen auf Erwerb und andere Selbstverständlichkeiten, Köln 1980, S. 96f.

16 Protokoll des SPD-Parteitags in Nürnberg, Parteivorstand der SPD (Hrsg.), Bonn 1868; zit. Dertinger, a.a.O., S. 97.

17 Kuhn, Annette (Hrsg.): Die Chronik der Frauen, Dortmund 1992, S. 612.

18 Die PDS – Partei Demokratischer Sozialismus – wurde in Ostdeutschland gegründet und schloss sich nach dem Beitritt der DDR zur BRD (1990) 2007 mit der westdeutschen, 2005 gegründeten Wahlalternative Demokratischer Sozialismus (WADS) zur Partei DIE LINKE zusammen.

19 Wahlprogramm der Partei DIE LINKE zur Bundestagswahl 2017, beschlossen auf dem Bundestagswahlparteitag Hannover 9.–11. Juni 2017, S. 68, S. 69.

20 »Stand Februar 2005: Ruanda 48,8 Prozent; Schweden 45,3 Prozent; Dänemark 38,0 Prozent; Finnland 37,5 Prozent; Niederlande 36,7 Prozent; Norwegen 36,4 Prozent; Kuba und Spanien je 36 Prozent; Costa Rica 35,1 Prozent; Belgien 34,7 Prozent; Österreich 33,9 Prozent; Argentinien 33,6 Prozent (www.ipu.org. Zugriff am 25.2.2005)«; zit. Klein, Uta: Gleichstellungspolitik in der EU, Schwalbach/Taunus 2006, S. 24, S. 143 Anm. 6.

21 Uecker, Kari: Quotierung – praktizierte Gleichberechtigung; in: Däubler-Gmelin, Herta/Pfarr, Heide M./Weg, Marianne (Hrsg.): Mehr als nur gleicher Lohn – Handbuch

zur beruflichen Förderung von Frauen, Hamburg 1985, S. 140–143; S. 142.

22 Provost, Claire: Feminist ohne Amazonen, in : der Freitag 13.7.2017.

23 Bachstein, Andrea: Macrons Befreiungsschlag; in: Süddeutsche Zeitung 23.6.2017.

24 Pusch, Luise: Die Sprache der Eroberinnen und andere Glossen, Göttingen 2016, S. 106.

25 Handelsblatt, 4.3.2015.

26 Vgl. Anm. 13.

27 Engelen-Kefer, Ursula: Quote, Quote, Quote – Lohnlücke; in: die tageszeitung 1.11.2010.

28 Klein, a.a.O., S. 64, S. 82–98; Blickhäuser, Angelika/von Bargen, Henning: Gender-Mainstreaming-Praxis; Heinrich-Böll-Stiftung – Schriften des Gunda-Werner-Instituts Bd.7, Berlin o.J. (2009).

29 Gerhard, Ute: Gleichheit ohne Angleichung, München 1990, S. 16.

30 Metz-Göckel, Sigrid: Die Machtfrage zwischen den Geschlechtern war bis jetzt tabu; in: Frankfurter Rundschau 25.11.1986.

31 Erinnerung der Verfasserin.

32 Vgl. Anm. 31.

»Es bleibt noch viel zu tun ...« Erfolge, Skandale und neue Strategien

Als die SPD-Abgeordnete Lenelotte von Bothmer am 15. April 1970 im Hosenanzug im Bundestag erschien, »(geriet) der ganze Saal in Bewegung«. Ihr Auftritt kam in die Nachrichten und die Presse und ihr wurden Würdelosigkeit, Disziplinlosigkeit und Mangel an Anstand vorgeworfen. Außerdem erhielt sie reihenweise Schmähbriefe. Ein Verfasser fürchtete, sie komme »›nächstens ... wohl Oben-ohne‹«, ein anderer beschimpfte sie sogar: »›Sie Schwein, Sie!‹«[1]

Heute – genauer: seit 2005 – wird die Bundesrepublik von einer Kanzlerin regiert, die zwar keinen Hosenanzug trägt, aber nur in Hosen und wechselnden Blazern auftritt.

Politikerinnen, Gewerkschafterinnen und Künstlerinnen

Dass der Siegeszug eines Kleidungsstücks, das der französische Modeschöpfer Yves Saint-Laurent für die moderne Frau entworfen hat, keine Äußerlichkeit ist, zeigt die zunehmende Präsenz von Frauen in der Gesellschaft. Kam nach der ersten Bundestagswahl 1949 zum ersten Mal eine Ministerin ins Kabinett – Dr. Elisabeth Schwarzhaupt als Ministerin für das neu geschaffene Amt für Gesundheit – dann gibt

Angela Merkel und weitere Regierungschefs auf dem G8-Gipfel 2007 im mecklenburgischen Seebad Heiligendamm

es inzwischen mehrere Ministerinnen, und Ursula von der Leyen, die zunächst das Familienministerium leitete, bekam danach sogar das Amt einer Verteidigungsministerin. Das Kabinett, das die Bundeskanzlerin für ihre 4. Amtszeit 2018 zusammenstellte, besteht aus sechs Frauen und neun Männern.

In den Bundesländern, die seit dem »Beitritt«[2] der ehemaligen DDR zur BRD die Zahl 16 erreicht haben, gibt es eine zwar weniger deutliche, aber doch ähnliche Tendenz. Der Amtsantritt der Ministerpräsidentin Heide Simonis 1993 in Schleswig-Holstein war noch eine Sensation; die Präsidentinnen, die ihr in größerem Zeitabstand folgten – Hannelore Kraft in Nordrhein-Westfalen, Malu Dreyer in Rheinland-Pfalz, Annegret

Kramp-Karrenbauer im Saarland und Christine Lieberknecht im ostdeutschen Bundesland Thüringen – fiel nicht mehr sonderlich auf.

Gleiches gilt für die Tatsache, dass immer mehr Frauen in Gewerkschaften und Parteien organisiert sind und die Forderung nach 50%-Quoten für beide Geschlechter lauter wird.

In der Wirtschaft liegt ihre Umsetzung allerdings noch in weiter Ferne. Zwar hat die weibliche Erwerbstätigkeit inzwischen über 70% erreicht und in einzelnen Konzernen machen Frauen 30% der Aufsichtsratmitglieder aus, aber da, wo die eigentlichen Entscheidungen fallen, in den Vorständen, sind sie bisher kaum vertreten[3]. Außerdem wird die weibliche Erwerbstätigkeit von Teilzeitarbeit dominiert.

Dagegen scheint der Kulturbereich eine weibliche Domäne zu werden. Mit Monika Grütters hat er eine langjährige und kompetente Staatsministerin bekommen. Viele Museen werden von Kuratorinnen geleitet, in den Theatern nimmt die Zahl von Intendantinnen und Regisseurinnen zu, Orchester werden vereinzelt sogar von Dirigentinnen geführt und allein in den Jahren 2017 und 2018 öffneten Museen ihre Räume für fünf große Ausstellungen vergessener Künstlerinnen[4].

All dies wird von der wachsenden gesellschaftlichen Akzeptanz gegenüber weiblichen Leistungen und Forderungen erleichtert. Sie sind zu Themen in Presse und Film geworden; die Wochenzeitung »der Freitag« enthält seit Längerem die Rubrik »Gender«, eine Tageszeitung wie die ostdeutsche »junge welt« veröffentlicht fast täglich Artikel zum »Feminismus« und Aktionstage der Frauenbewegung können in altehrwürdigen Gebäuden stattfinden, z.B. die »Ehrung der Bremer Frau des Jahres« jährlich im Rathaus.

Wenn dem so ist – warum aber wird dann der Internationale Frauentag, der 1910 in Kopenhagen von Sozialistinnen beschlossen wurde und 1911 zum ersten Mal stattfand, auch noch nach mehr als 100 Jahren begangen? Warum seit 1966 der Equal Pay Day und am 25. November jeden Jahres der Protesttag gegen »Gewalt an Frauen«? Warum haben die Hashtags »#Aufschrei« in Deutschland und »#MeToo« in den Ländern der westlichen Welt ganz neue Bewegungen ausgelöst?

Vom Internationalen Frauentag zum Tag »Gegen Gewalt an Frauen«

Die Sozialistinnen, die 1910 den »Internationalen Frauentag« ins politische Leben gerufen haben, forderten das Frauenwahlrecht und den Frieden. Das Frauenwahlrecht ist inzwischen in fast allen Ländern der Welt durchgesetzt, selbst in so patriarchalischen Staaten wie Saudi-Arabien (2015), der Frieden dagegen nicht. Angesichts der zunehmenden »Konflikte«, wie mörderische Schlachten euphemistisch verharmlost werden, ist die Forderung nach Frieden gerade für Zivilisten, und d.h. vor allem für Frauen und Kinder, existentieller denn je. Seit dem Koreakrieg 1950–1953 übersteigt die Zahl der Ziviltoten die des Militärs[5]; außerdem werden die sogenannten »Kollateralschäden«, d.h. die Vernichtung der jeweiligen Bevölkerung, nicht nur in Kauf genommen, sondern durch Bombardierung von Schulen, Kindergärten und Krankenhäusern und Behinderung der Hilfskonvois von Nichtregierungsorganisationen sogar zum Kriegsziel. Dabei haben Pazifistinnen schon 1915 – auf der Internationalen Frauenfriedenskonferenz in Den Haag – deutlich gemacht, dass Kriege keineswegs, wie die Propaganda behauptet, dem Schutz der Zivilbevölkerung dienen, sondern dem Gegenteil[6]. Zwar stellten die Teilnehmerinnen der 4. UN-Weltfrauenkonferenz 1995 in Peking die Kriegserfahrungen von Frauen, zu denen vor allem Vergewaltigungen gehören, in einer »Aktionsplattform« zusammen und die UNO beschloss im Jahre 2000 einstimmig die Resolution 1325, mit deren 1. Absatz die »Mitgliedstaaten eindrücklich« aufgefordert werden, »dafür zu sorgen, dass Frauen in den ... Institutionen ... zur Verhütung, Bewältigung und Beilegung von Konflikten auf allen Entscheidungsebenen stärker vertreten sind[7], aber bis 2011 hatten von den 193 Mitgliedstaaten nur 23 einen »Aktionsplan« aufgestellt – Deutschland 2012 – und »an Friedensverhandlungen nahmen durchschnittlich weniger als 8% Frauen teil«[8].

Die Forderung des ersten Internationalen Frauentages ist also nach mehr als 100 Jahren aktueller denn je. Das obsolet gewordene Frauenwahlrecht wird dagegen durch die öffentliche Kritik der jährlich besonders akuten Missstände ersetzt.

Die Idee zum Equal Pay Day entstand in den USA; in Deutschland geht er auf die Initiative der Unternehmerin und früheren Präsidentin der Business Professional Women Germany Henrike von Platen zurück und wurde 2007 zum ersten Mal begangen. Sein Markenzeichen sind die roten Taschen, die »für rote Zahlen (stehen) und dafür, dass Frauen weniger in der Tasche haben als Männer«[9]. Er findet jährlich an dem Tag statt – einem Tag im März – bis zu dem weibliche Erwerbstätige arbeiten müssten, um auf den gleichen Lohn zu kommen, den die männlichen bereits mit dem Ende des vorangehenden Kalenderjahres erreicht haben. Dabei geht es nicht nur um die Tätigkeiten, die mit denen der Männer identisch sind, z.B. die von Wirtschaftsingenieuren, oder die beider Geschlechter in den Bereichen Technik und Informatik, sondern auch um die grundsätzlich schlechter bezahlten traditionellen Frauenberufe in Kitas, Grundschulen, Kranken- und Altenpflege, also Berufe, in denen es um Menschen geht. Seit der Forderung »Lohn für Hausarbeit«, die in den siebziger Jahren von der Frauenbewegung erhoben wurde, gehört auch der große Bereich unbezahlter Arbeit in den Familien, die immer noch überwiegend von Frauen geleistet wird, sei es die Hausarbeit, die Erziehung der Kinder oder die Pflege von krank oder alt gewordenen Familienangehörigen dazu.

Zwar hat das Bundeselterngeld- und Elternzeitgesetz vom 5. Dezember 2006, für das sich die ehemalige Familienministerin Ursula von der Leyen eingesetzt hat, dazu geführt, dass immer mehr Väter mit Kinderwagen oder mit ihren Kindern auf Spielplätzen zu sehen sind, aber die Elternzeit, die bei reduziertem Gehalt vom Staat finanziert wird, ist zeitlich befristet und mit negativen Folgen für Karriere und Altersversorgung verbunden. Außerdem können sich nur gut situierte Familien die Gehaltsreduktion des meist besser verdienenden Vaters erlauben und für Alleinerziehende, überwiegend die Mütter, hat das Gesetz ohnehin kaum Bedeutung.

Wie schwer es alleinerziehende Frauen haben, hat eine Ausstellung des kirchennahen Vereins »Arbeit und Zukunft e.V.« in Bremen gezeigt. Dabei schilderten die interviewten Frauen – von Müttern ohne Berufsabschluss über Sekretärinnen bis zur Kapitänin, unter welchen Umständen sie ihren Alltag mit einem Kind, mit zwei bis zu vier Kindern bewältigen müssen. Von den abwesenden Vätern waren einige gewalttätig oder zahlten keinen Unterhalt, wobei das zuständige Jugendamt sich – wohl auch aus Gründen der Überlastung – für die Pfändung des väterlichen Unterhaltsbeitrags nur unzulänglich einsetzte. Ein Arbeitsplatz aber stehe für Alleinerziehende kaum zur Verfügung: »Wenn wir keinen Mann haben, dann sind wir nicht gut genug für ein Wohnungsangebot oder eine Arbeitsstelle«, sagte eine Mutter von vier Kindern. Die Kapitänin, die nur ein Kind hatte, musste sich sagen lassen, dass ihre Berufsausbildung »nach vier Jahren … nichts mehr wert (wäre)« und dass sie »bei der Jobsuche … außerdem größere Chancen (hätte), wenn« sie »kein Kind hätte«. »Was mich ärgert«, sagte eine Diplompsychologin und Mutter von zwei Kindern, »ist, dass man als alleinerziehende Mutter keinen Kita-Platz bekommt, wenn man nicht arbeitet … und ohne Arbeitsplatz keinen Kita-Platz«.[10]

Der Tag »Gegen Gewalt an Frauen«, der am 25. November jeden Jahres stattfindet, wurde zum ersten Mal 1981 von Feministinnen aus Lateinamerika und der Karibik ausgerufen. Anlass war der Tod der Schwestern Patria, Minerva und Maria Teresa, die am 25. November 1960 in der Dominikanischen Republik von Soldaten des Trujillo-Regimes verschleppt, vergewaltigt und dann ermordet worden waren. Entsprechend ging es bei den Veranstaltungen zum 25. November zunächst um Frauenmorde und darum, dass sie – wie in muslimischen Kulturen – als »Ehrenmorde«, in Ländern wie Deutschland als »Beziehungstaten« verharmlost werden. »Fast jeden Tag wird in Deutschland eine Frau von ihrem Partner umgebracht«[11]. In Argentinien, neben Mexiko einem der Länder der »Feminicide«, stirbt alle 16 Stunden eine Frau durch Männerhand«[12].

Gewalt, die nicht zum Tode führt, sich aber physisch, psychisch und sexuell auswirkt, findet vorwiegend im häuslichen Bereich statt, und zwar in allen gesellschaftlichen Schichten. Nach einer Statistik des Bundeskriminalamtes sind 82% der Opfer Frauen, 80% der Täter Männer.[13]

In den siebziger Jahren musste die »Frauenhausbewegung« noch beweisen, dass es häusliche Gewalt an Frauen überhaupt gibt; inzwischen stehen in Deutschland 400 Frauenhäuser und Zufluchtswohnungen mit rund 6.000 Plätzen zur Verfügung[14], am 1. Januar 2002 trat das Gewaltschutzgesetz in Kraft, das der Polizei erlaubt, den Täter für eine bestimmte Zeit der Wohnung zu verweisen[15], und am 1. Februar 2018 trat die Bundesrepublik der 2015 verabschiedeten »Istanbul-Konvention« des Europarates bei, einem Übereinkommen zur Verhütung und Bekämpfung von Gewalt gegen Frauen und häuslicher Gewalt[16]. Trotzdem sind die Frauenhäuser ständig überfüllt und haben noch immer nicht den schon von der Frauenhausbewegung der siebziger Jahre geforderten Haushaltstitel, mit der Folge, dass sie chronisch unterfinanziert sind und hilfesuchende Frauen immer wieder abgewiesen werden müssen.

Zur Gewalt an Frauen kommen neuerdings Mädchenbeschneidung, Zwangsheirat und nicht zuletzt die fatale Gesetzeslage zum Schwangerschaftsabbruch hinzu. Beschneidung und Zwangsheirat sind zwar in Deutschland verboten, aber durch Zuwanderung werden diese vorwiegend in afrikanischen Ländern praktizierten Bräuche auch in Europa eingeführt.[17]

Selbst die 1995 beschlossene Reform des Paragrafen 218, die für die Frauenbewegung ohnehin nur ein unbefriedigender Kompromiss war bzw. ist, wird neuerdings durch Kontroversen um den Paragraphen 219 a, der »die Werbung für den Abbruch der Schwangerschaft« unter Strafe stellt, bedroht.

Hashtags statt Demonstrationen

Die Gewalt aber, die am schwersten zu bekämpfen und damit am mächtigsten ist, geht auf sexuelle und hierarchische Strukturen der Gesellschaft zurück. Auch sie war schon Thema der Frauenbewegung der siebziger Jahre, trat aber erst durch die Reaktionen von Tausenden von Frauen auf die Hashtags »#Aufschrei« in Deutschland und »#MeToo« international ins Bewusstsein der Öffentlichkeit.

Auftakt für den Hashtag »#Aufschrei« war ein Artikel der Journalistin Laura Himmelreich, die sie als Politredakteurin der Zeitschrift »Stern« über Anzüglichkeiten eines

Bloggerin Anne Wizorek

führenden FDP-Politikers schrieb. Als die attraktive junge Frau ihn interviewen wollte, hatte er auf ihr Vorhaben mit der Bemerkung reagiert, dass sie »(auch) ein Dirndl … ausfüllen« könne[18].

Dass es nicht bei dem Artikel Laura Himmelreichs blieb, ist der noch jüngeren Bloggerin Anne Wizorek zu verdanken. Als sie darüber hinaus den Twitter las, den eine andere Netzwerkerin über noch massivere Erfahrungen mit Alltagssexismus gepostet hatte – z.B. berichtete sie über einen »Arzt, der meinen Po tätschelte, nachdem ich wegen eines Selbstmordversuchs im Krankenhaus lag«[19] – schlug sie vor, »diese Erfahrungen unter einem Hashtag zu sammeln. Ich schlage #Aufschrei vor«. Und »#Aufschrei war wie ein Fanal. Innerhalb von zwei Wochen wurden 58.000 Tweets dazu geschrieben. Tausende Frauen berichteten von Erlebnissen mit alltäglichem

Sexismus«. Natürlich gab es auch Spott und Hohn. Selbst einige Frauen taten »den #Aufschrei als Hysterie ab«[20].

Aber der Hashtag veränderte die Strategien der Frauenbewegung. Waren es in den Siebzigern Demonstrationen, Flugblattaktionen und Straßentheater und so riskante Aktionen wie die Selbstbezichtigungskampagnen gegen den §218[21], in den Achzigern als »Einmischung« geplante Eintritte in Parteien und Gewerkschaften[22], dann hatte sich jetzt zum ersten Mal ein feministischer Protest »im Internet verdichtet«, und zwar »bevor die etablierten Medien darauf eingestiegen sind«[23].

Von vergleichbarer Bedeutung, aber viel weit- und folgenreicher war der Hashtag »#MeToo«.

Die Reaktionen auf ihn begannen im Oktober 2017 und gingen vom Zentrum der US-amerikanischen Filmindustrie in Hollywood aus. Auch hier war es zunächst eine einzelne Frau, die die Initiative ergriff, die Schauspielerin Alyssa Milano. Auf einem Tweet forderte sie – nach eigenen Erfahrungen – »alle Frauen auf, die Opfer sexueller Übergriffe wurden, sich mit dem Hashtag ›#MeToo‹ zu Wort zu melden«[24], und auch hier wandten sich daraufhin sogar Zehntausende von Frauen an die Öffentlichkeit. Aber ihr Protest richtete sich nicht gegen einen mittleren Politiker, sondern gegen den mächtigsten Mann der Filmbranche, den Produzenten Harvey Weinstein. Entsprechend massiv fielen die Folgen für ihn aus. Seine Ehefrau trennte sich von ihm, er wurde angeklagt und musste seine Produktionsfirma, die »Harvey Weinstein Company«, verlassen.

Die Anklägerinnen dagegen setzten ihren Protest fort. Bei den »Golden Globes« Anfang Januar 2018, bei denen den

TIME'S UP

Größen der Filmbranche Trophäen verliehen werden, »trugen viele Schauspielerinnen zu ihren fast ausnahmslos schwarzen Kleidern den Sticker mit dem schwarzweißen »Logo des Hashtags ›Time's up‹«, der wie zahlreiche weitere Hashtags auf »#MeToo« folgte[25].

Darüber hinaus hielt der Medienstar Oprah Winfrey, die Tochter einer Putzfrau und spätere Milliardärin, die schon als Neunjährige vergewaltigt worden war und mit vierzehn Jahren nach einem weiteren Missbrauch ein Kind bekam, eine kämpferische Rede, in der sie die Allgegenwärtigkeit des Sexismus anprangerte: »›Dies betrifft nicht nur die Unterhaltungsindustrie‹, sagte

Moderatorin Oprah Winfrey

sie, ›sondern auch die Frauen, deren Namen nie bekannt werden. Sie sind Hausfrauen, sie arbeiten auf Farmen, in Fabriken und in Restaurants, sie arbeiten in der Medizin und in der Wissenschaft … der Technik, der Politik und der Wirtschaft, sie sind Olympiaathletinnen und Soldatinnen in der Armee‹«[26].

Quoten und Genderstrategien gegen Macht

Dass »#Aufschrei« und »#MeToo« zuerst und vor allem Reaktionen auf sexuelle Übergriffe in Politik und Medienproduktion waren, ist mit den dort herrschenden Machtstrukturen zu erklären. »›Macht korrumpiert‹, sagt der Kölner Psychologe Joris Lammers, ›Menschen in Spitzenpositionen verändern ihr Verhalten … Das gilt für Männer und Frauen‹ … Lammers glaubt deshalb nicht, dass Frauen ihre Macht weniger ausnutzen würden als Männer‹ … ›der beste Weg, Menschen vom Machtmissbrauch abzuhalten, ist, ihnen klarzumachen, dass sie die Macht verlieren können‹, sagt Lammers. Deswegen sei auch der Fall Weinstein so wichtig und die #MeToo-Debatte im Netz.‹«[27]

Dagegen meint die Journalistin Anna Clauß, dass Hashtags wie »#Aufschrei« und »#MeToo« erst ihre volle Wirkung entfalten, wenn sich auch Männer angesprochen fühlen, und zwar jene Mehrheit der Männer, die Frauen nicht belästigen«. Wer zu ihnen gehöre, denke »häufig, das alles gehe ihn nichts an. Weiße Westen sind aber keine Entschuldigung für Wegsehen«[28].

Eine andere Auffassung vertritt die Regisseurin und Mitbegründerin des Vereins »Pro Quote Regie und pro Quote

Film«, Barbara Rohm. Sie hält eine Solidarisierung mit den Opfern für problematisch. Denn das »heißt auch, sich außerhalb einer Gruppe zu stellen. Das ist unbequem und birgt die Gefahr, ebenfalls zu vereinzeln ... Das beste Korrektiv sind« ihrer Meinung nach »ausgeglichene Geschlechterverhältnisse, übrigens in jeder Branche«. Deshalb fordert ihr Verein »für die Filmbranche eine Quote von 50 Prozent ... Außerdem empfehlen wir verpflichtende Genderseminare[29], es sei zwar bekannt, dass sie »nicht sonderlich beliebt« wären, aber »wer etwas ändern will, darf nicht davor zurückschrecken, unbeliebte Dinge einzufordern«[30].

Welcher Weg letztendlich weitere und andere Skandale verhindern könnte – öffentliches Anprangern, Identifikation mit den Opfern oder Quoten und Genderstrategien – bleibt eine offene Frage. Sicher scheint nur zu sein, was eine Alt-68erin einmal gesagt hat: »Es bleibt noch viel zu tun ...«[31]

Anmerkungen

1 Von Bothmer, Lenelotte: »Mit der Kuh am Strick« – Scenen aus den Dienstjahren einer Hinterbänklerin, Hamburg o.J.; zit. Die Zeit 30.08.1996.
2 Einigungsvertrag vom 31.08.1990 (Art.1); BGB1 II, S. 885.
3 Vgl. Kap. 6, S. 136.

4 Hamburger Kunsthalle: Anita Rée; Georg-Kolbe-Museum Berlin: Bildhauerinnen der Berliner Moderne; Kunstsammlung Nordrhein-Westfalen: Carmen Herrera – Pionierin der Farbfeldmalerei; Kunsthalle Schirn Frankfurt am Main: Glanz und Elend der Weimarer Republik; Deutsches Architekturmuseum Frankfurt am Main: Frauen im Architektenberuf.

5 vgl. Vilmar, F.: Rüstung und Abrüstung im Spätkapitalismus, Frankfurt am Main 1969.

6 Frauenfriedenskonferenz 1915 Den Haag, Protokoll, Amsterdam 1915 (englisch, französisch, deutsch).

7 Gunda-Werner-Institut (Hrsg.): Hoffnungsträger 1325, Königstein/Taunus 2008, S.248–253.

8 Frauensolidarität/ terre des femmes, Nr. 1 2011, S. 10.

9 Haas, Sybille: Die Farbe des Protestes; Süddt. Zeitung 24.03.2010.

10 Mittenmang – alleinerziehend in Bremen, Projekt des Vereins »Arbeit und Zukunft e.V.«, Bremen o.J.

11 Sundermann, Sara: Bremen will Hilfesystem prüfen; Weser-Kurier 25.11.2017.

12 Platia, Maria: Tödliches Testosteron; der Freitag 20.07.2017.

13 Schmollack, Simone: Im Bad ausgerutscht; der Freitag 23.11.2017.

14 Ebd.

15 Bundesministerium für Familie, Senioren, Frauen und Jugend; Pressemitteilung vom 10.12.2014.

16 Istanbul-Konvention in Kraft getreten; junge Welt 2.02.2018.

17 Tricarico, Tanja: Tausende Mädchen sind bedroht; Weser-Kurier 7.02.2017.

18 Zit. Stokowski, Margarete: Ein #Aufschrei der Vielen; taz 18.19.2014.

19 Ebd.

20 Keller, Gabriela M.: Die stille Aufrührerin; taz 14.02.2013.

21 Schwarzer, Alice: So fing es an – 10 Jahre Frauenbewegung, Köln 1981.

22 Rossanda, Rossana: Einmischung – Gespräche mit Frauen über ihr Verhältnis zur Politik … (Milano 1979), Frankfurt am Main 1980.

23 Keller, ebd.

24 Corbett, Helen/ Schmitt-Tegge, Johannes: Jetzt ermittelt die Staatsanwaltschaft; Weser-Kurier 25.10.2017.

25 Pfützner, Teresa/ Krueger, Philippe: Die Zukunft ist weiblich; Die Welt 8.03.2018.

26 Zit. Emma März/April 2018, S. 23.

27 Baumgärtner, Maik u.a.: »Macht ist wie Alkohol«; Der Spiegel 43 2017, S. 17.

28 Clauß, Anna: »Men, too«; a.a.O., S. 8.

29 Vgl. Kap. 6, S.137–139.

30 Schmollack, Simone: »Der Sender hat klar versagt«; der Freitag 1.02.2018.

31 Erinnerung der Verfasserin.

Personenregister

(Bei einigen Personen waren keine oder nur unvollständige Lebensdaten auszumachen)

Literatur- und Quellen

Literatur

Baader, Ottilie: Ein steiniger Weg (1921), Bonn 1970

Bebel, August: Die Frau und der Sozialismus (1879), Bonn 1977

Berron, Gottfried (Hrsg.): Annette von Droste-Hülshoff – Ausgewählte Kostbarkeiten, Lahr (Schwarzwald) 1988

Die Bibel nach Martin Luthers Übersetzung – Mit Apokryphen, Ev. Kirche in Dtld (Hrsg.), o.O. 2017

Biebusch, Werner: Revolution und Staatsstreich, Verfassungskämpfe in Bremen 1848-1851, Bremen 1973

Blickhäuser, Angelika/von Bargen, Henning: Gender-Mainstreaming-Praxis; Heinrich-Böll-Stiftung – Schriften des Gunda-Werner-Instituts Bd.7, Berlin o.J. (2009)

von Bothmer, Lenelotte: »Mit der Kuh am Strick« -Scenen aus den Dienstjahren einer Hinterbänklerin, Hamburg o.J.

Bourdieu, Pierre: Die männliche Herrschaft (1998), Frankfurt am Main 2015

Cardella, Lara: Ich wollte Hosen (Mailand 1989), Frankfurt am Main 1990

Cauer, Minna: 25 Jahre Verein Frauenwohl, Berlin 1913

Däubler-Gmelin, Herta/Pfarr, Heide M./Weg, Marianne (Hrsg.): Mehr als nur gleicher Lohn – Handbuch zur beruflichen Förderung von Frauen, Hamburg 1985

Dertinger, Antje: DIE BESSERE HÄLFTE kämpft um ihr Recht, Köln 1980

Dies.: Weiber und Gendarm – Vom Kampf staatsgefährdender Frauenspersonen um ihr Recht auf politische Arbeit, Köln 1981

Dies.: Frauen der ersten Stunde – Aus den Gründerjahren der Bundesrepublik, Bonn 1989

Dohm, Hedwig: Was die Pastoren denken, Berlin 1872

Dies.: Der Jesuitismus im Hausstande. Ein Beitrag zur Frauenfrage, Berlin 1873

Dies.: Der Frauen Natur und Recht, Berlin 1876

Dies.: Die Antifeministen. Ein Buch zur Verteidigung, Berlin 1902

Dünnebier, Anna/Scheu, Ursula: Die Rebellion ist eine Frau – Anita Augspurg und Lida G. Heymann, das schillerndste Paar der Frauenbewegung, München 2002

Feuersenger, Marianne: Die garantierte Gleichberechtigung – ein umstrittener Sieg der Frauen, Freiburg im Breisgau 1980

Flexner, Eleanor: Hundert Jahre Kampf – Die Geschichte der Frauenrechtsbewegung in den Vereinigten Staaten (1959), Frankfurt am Main 1978

Frauenfriedenskonferenz 1915 Den Haag, Protokoll, Amsterdam 1915 (englisch, französisch, deutsch)

Führkötter, Adelgundis: Hildegard von Bingen, Salzburg 1972
Galbraith, John Kenneth: Wirtschaft für Staat und Gesellschaft, München Zürich 1976 (1973)
Gerhard, Ute: Verhältnisse und Verhinderungen. Frauenarbeit, Familie und Rechte der Frauen im 19. Jahrhundert/ Mit Dokumenten, Frankfurt am Main 1978
Dies.: UNERHÖRT – Die Geschichte der deutschen Frauenbewegung, Hamburg 1990
Dies.: Gleichheit ohne Angleichung, München 1990
Dies. (Hrsg.): Frauen in der Geschichte des Rechts – Von der Frühen Neuzeit bis zur Gegenwart, München 1997
Gerhard, Ute/Hannover-Drück, Elisabeth/Schmitter/ Romina (Hrsg.): »Dem Reich der Freiheit werb' ich Bürgerinnen« – Die Frauen-Zeitung von Louise Otto, Frankfurt am Main 1979
Goethe, Johann Wolfgang:»Hermann und Dorothea« (1797), Goethes Werke Bd. II (Hrsg. Erich Trunz),München 1981
Hahn, Ulla (Hrsg.): Stechäpfel – Gedichte von Frauen aus drei Jahrtausenden, Stuttgart 1992
Hildebrandt, Horst: Die deutschen Verfassungen des 19. und 20. Jahrhunderts, Paderborn 1970
Hitler, Adolf: Mein Kampf, München 1937
Ihrer, Emma: Die Arbeiterinnen im Klassenkampf, Hamburg 1898
Jachina, Gusel: Suleika öffnet die Augen, Berlin 2017
Jansen, Mechtild (Hrsg.): Halbe – Halbe/ Der Streit um die Quotierung, Berlin 1986

Juchacz, Marie: Leben und Werk (Hrsg. Arbeiterwohlfahrt Bundesverband), Bonn 1979

Klein, Uta: Gleichstellungspolitik in der EU, Schwalbach/Taunus 2006

Klucsarits, Richard/Kürbisch, Friedrich G. (Hrsg.): Arbeiterinnen kämpfen um ihr Recht, Wuppertal o.J.

Der Koran, Stuttgart 1991

Kuhn, Annette (Hrsg.): Die Chronik der Frauen, Dortmund 1992

Lange, Helene: Kampfzeiten – Aufsätze und Reden aus vier Jahrzehnten, 2 Bde; Bd.1 Berlin 1928

Lange, Helene/ Bäumer, Gertrud (Hrsg.): Handbuch der Frauenbewegung III. Teil (1901-1915), Weinheim und Basel 1980

Marcal, Katrin: Machonomics. Die Ökonomie und die Frauen, München 2016

Mann, Thomas: Buddenbrooks (1901), Frankfurt am Main 2001

Matti, Werner: Die Bevölkerungsentwicklung Bremens seit 1700, Bremen 1974; StAB Ai-191a

Notz, Gisela: Der Kampf um das Frauenwahlrecht in Deutschland; in: Mit Macht zur Wahl – 100 Jahre Frauenwahlrecht in Europa, Bonn 2006, S.94-106

Planck, Mathilde: Ottilie Hoffmann – Ein Beitrag zur Geschichte der deutschen Frauenbewegung, Bremen 1930

Pusch, Luise: Die Sprache der Eroberinnen und andere Glossen, Göttingen 2016

Reich-Hilweg, Ines: Männer und Frauen sind gleichberechtigt, Frankfurt am Main 1979

Rohner, Isabel: Spuren ins Jetzt – Hedwig Dohm – eine Biografie, Sulzbach/Taunus 2010

Rossanda, Rossana: Einmischung – Gespräche mit Frauen über ihr Verhältnis zur Politik… (Milano 1979), Frankfurt am Main 1980

Savramis, Demosthenes: Das sogenannte schwache Geschlecht, München 1972

Schiller, Friedrich: Das Lied von der Glocke, in: Der ewige Brunnen (Hrsg. Ludwig Reiners), München 1955

Schmitter, Romina: Frauen in Bürgerlichen Revolutionen; in: Bremer Frauenmuseum (Hrsg.): Marie Mindermann und die Revolution 1848, Bremen 1999

Dies.: Prostitution – das älteste Gewerbe der Welt?, Oldenburg 2007, 2. Auflg.

Dies.: Wer war Lucretia de Saint Simon? Annäherung an eine Künstlerin, Oldenburg 2009

Schwarzer, Alice: So fing es an – 10 Jahre Frauenbewegung, Köln 1981

Schröder, Hannelore (Hrsg.): John Stuart Mill/ Harriet Taylor Mill/ Helen Taylor: Die Hörigkeit der Frau und andere Schriften zur Frauenemanzipation, Frankfurt am Main 1976

Senator für Bildung, Wissenschaft und Kunst (Hrsg.): Pädagogisch-inhaltliches Konzept (PIK), Bremen 1985

Simmel, Monika: Erziehung zum Weibe – Mädchenbildung im 19. Jahrhundert, Frankfurt am Main 1980

Jakob Sprenger/Heinrich Institoris: Der Hexenhammer (malleus maleficarum 1486) Hrsg.: J.W.R. Schmidt, München 1985

Stopczyk, Annegret: Was Philosophen über Frauen denken, München 1980

Stritt, Marie: Rechtskämpfe; in: Lange, Helene/ Bäumer, Gertrud (Hrsg.): Handbuch der Frauenbewegung, IV Teile; II. Teil; Berlin 1901

von Suttner, Bertha: »Die Waffen nieder!« (1889), Husum 2013

Trömel-Plötz, Senta: Frauensprache – Sprache der Veränderung (1982), Frankfurt am Main 1988

Twellmann, Margrit: Die Deutsche Frauenbewegung – Ihre Anfänge und erste Entwicklung, Quellen 1843-1889, Meisenheim am Glan 1972

Dies.(Hrsg.): Erlebtes – Erschautes – Deutsche Frauen kämpfen für Freiheit, Recht und Frieden 1850-1940 (Lida Gustava Heymann/Dr. jur. Anita Augspurg) Meisenheim am Glan 1872

Vilmar, Fritz: Rüstung und Abrüstung im Spätkapitalismus, Frankfurt am Main 1969

Weber, Marianne: Ehefrau und Mutter in der Rechtsentwicklung (1907), Aalen 1971

Wex, Marianne: »Weibliche« und »männliche« Körpersprache als Folge patriarchalischer Machtverhältnisse, Hamburg 1979

Woolf, Virginia: Drei Guineen (1938), München 1978

Quellen

Allgemeines Landrecht für die Preußischen Staaten (ALR) (§736 II20) (Hrsg. Hans Hattauer, Frankfurt am Main/Berlin 1970)

Amtsgericht Brake/Unterweser, AZ VII

Bremisches Gesetzblatt

Bürgerliches Gesetzbuch nebst Einführungsgesetz – erläutert von Dr. G. Planck, Bd.4 Familienrecht, Berlin 1901

Einigungsvertrag – Vertrag zwischen der Bundesrepublik Deutschland und der Deutschen Demokratischen Republik über die Herstellung der Einheit Deutschlands, 31. August 1990; BGBl. II

Grundgesetz für die Bundesrepublik Deutschland, München 2009, 59., neu bearbeitete Auflage

LGG – Das Bremer Landesgleichstellungsgesetz, Bremen, Bremerhaven 2004

Reichsgesetzblatt

StAB 2-T.2.e.9.a. (Versammlung der reformierten Geistlichen)

StAB 4,14/1-XII.A.2.c.2. Polizeiakten

StAB 4,14/1-XII.A.1.a. Polizeidirektion

Verhandlungen der Bremischen Bürgerschaft

Verhandlungen des Deutschen Bundestages

Verhandlungen der verfassungsgebenden deutschen Nationalversammlung

https://de.wikipedia.org/wiki/Identifikation_mit_dem_Aggressor Zugriff: 20.Juni 2017

Bremer Nachrichten

der Freitag
Der Spiegel
die tageszeitung (taz)
Die Frauen-Zeitung, (Hrsg. Louise Otto (1819-1895))
Die Welt
Die Zeit
EMMA
Feministische Studien
Frankfurter Rundschau
Frauensolidarität/ terre des femmes
Handelsblatt
junge Welt
Neue Bahnen (Zeitschrift des Allgemeinen Deutschen Frauenvereins (ADF) gegr. 1865)
Süddeutsche Zeitung
Vorwärts! Volkstaschenbuch für das Jahr 1847
Weser-Kurier